As leis secretas da economia

Gustavo H.B. Franco

As leis secretas da economia

Revisitando Roberto Campos e as leis do Kafka

2ª reimpressão

ZAHAR

Jorge Zahar Editor Ltda.
rua Marquês de S. Vicente 99 – 1º | 22451-041 Rio de Janeiro, RJ
tel (21) 2529-4750 | fax (21) 2529-4787
editora@zahar.com.br | www.zahar.com.br

Grafia atualizada respeitando o novo
Acordo Ortográfico da Língua Portuguesa

2ª reimpressão: 2013

Revisão: Eduardo Farias, Eduardo Monteiro
Composição: Letra e Imagem

Apoio: Rio Bravo Investimentos

CIP-Brasil. Catalogação na fonte
Sindicato Nacional dos Editores de Livros, RJ

F895L Franco, Gustavo Henrique Barroso
As leis secretas da economia: revisitando Roberto Campos e as leis do Kafka / Gustavo H.B. Franco – Rio de Janeiro: Zahar, 2012.
il.

ISBN 978-85-378-0949-5

1. Economia. 2. Brasil – Condições econômicas. I. Título.

12-6947 CDD: 330.981
CDU: 338.1(81)

Dedicado à memória de meu pai.

Sumário

Prefácio
A sabedoria que vem do paradoxo

> A ironia irrita. Não porque ela zombe ou ataque, mas porque nos priva de certezas, desvendando o mundo como ambiguidade.
>
> Milan Kundera, *A arte do romance*

A ideia deste pequeno livro remonta a uma colaboração entre duas figuras estelares do nosso pensamento econômico, Alexandre Kafka e Roberto Campos, que se consumou através de um texto perdido, de 1961, mas nunca desaparecido, de tão bem achado. Esse texto introduzia a intrigante hipótese segundo a qual "a economia brasileira não obedecia a nenhuma das leis conhecidas" e que, portanto, caberia investigar *"as normas secretas de seu funcionamento"*.[1]

Campos e Kafka não tencionavam colher mais jabuticabas na frondosa árvore de onde brotam as "teorias alternativas" sobre o Brasil, nem trazer novas revelações sobre a nossa curiosa e sempre surpreendente "identidade nacional". Estavam mesmo era exercitando outra arte, que Machado de Assis definiu como "o pudor da razão diante da vida", e assim compuseram, exatamente como Brás Cubas ao contar sua história, uma "obra supinamente filosófica, de uma filosofia desigual, agora austera, logo brincalhona, coisa que não edifica nem destrói, não inflama nem regela, e é todavia *mais que passatempo e menos do que apostolado*".[2]

Com esses termos de referência, foram exatamente dez as leis que saíram publicadas em *Uma reformulação das leis do Kafka*, na edição de março de 1961 da revista *Senhor*, posteriormente republicadas em *A técnica e o riso*, em 1966. O Kafka aqui, na maior parte do tempo, é Alexandre, nosso eterno representante no FMI (Fundo Monetário Internacional), mas a sombra de Franz nunca está de todo ausente. Na verdade, eles eram realmente parentes e muitos, como eu, ficaram sabendo desse importante detalhe apenas em seu obituário: o grande escritor tcheco era primo de segundo grau do pai de Alexandre. Este, por sua vez, alegremente admitia o parentesco, porém fingindo que era uma coincidência extravagante.

Campos lembra que sua colaboração com Kafka começou quando trabalharam juntos no gabinete de Eugênio Gudin, ministro da Fazenda entre agosto de 1954 e abril de 1955, durante a curta presidência de Café Filho. "Ficamos os dois conhecidos como 'os homens do biombo'", conta Kafka, pois davam expediente na antessala do ministro: "Um jornal comunista dizia que eu tinha de me esconder atrás de um biombo de aço", ele brincava.[3] Posteriormente, já separados em diferentes empregos e continentes, conforme relata Campos, mantiveram "assídua correspondência" na qual prosseguiram "ininterruptamente na formulação de leis interpretativas do comportamento econômico e social latino-americano". Talvez por isso o texto, mesmo em sua primeira aparição, já fosse uma "reformulação".

A técnica e o riso teve três edições, a última em 1976, e, ao que tudo indica, Campos não retornou ao tema antes de 1985, em um artigo sobre a reserva de mercado para os bens de informática, a qual parece ter concentrado essências venenosas em quantidade suficiente para trazê-lo de volta à busca por leis oblíquas que pudessem explicar o inexplicável. Se, por um lado, reconhecia que alguns dos enunciados originais não haviam sobrevivido bem à passagem do tempo – como a quinta lei, pela qual ficava estabelecido que o número de ditadores na América Latina era constante, apenas variando sua localização –, argumentava, por outro, que continuava verdadeiro que o grau de burrice econômica se mantinha constante no continente, mudando apenas de sede. O enunciado específico dessa "undécima" lei, que veremos incluída na coletânea adiante, trata de protecionismo e eficiência competitiva, conceitos que a experiência com a lei de informática sacudiu ao limite. Em apenas duas outras ocasiões Campos acrescentaria material às leis do Kafka: em outubro de 1995, em um artigo denominado "Saudades de Merquior..." (onde formularia onze leis sobre o comportamento sociopolítico, às quais retornaria em dezembro de 1999, quando as estendeu para dezesseis), e em setembro de 1997, em outro texto, intitulado "Síndrome da ameaça inexistente", no qual acrescentaria duas novas leis econômicas à série, que designou como Vingança dos Liberais.

Tive o privilégio de conhecer e conviver com os dois homens do biombo, ainda que brevemente. Kafka (ou Alex, com a pronúncia inglesa, paroxítona, como era chamado carinhosamente por todos em Washington) ainda era o diretor-executivo do Brasil no FMI durante todo o tempo em que estive no governo, de modo que ainda pude vê-lo em ação igualmente espirituoso em momentos fáceis e difíceis. No início de 1994, as percepções do *staff* do Fundo sobre o Plano Real, sobretudo do responsável pela análise, Jose Fagenbaum, não eram boas e um impasse se apresentava. Na teoria, sem a ajuda do FMI, através de um empréstimo e um programa com o seu endosso, não conseguiríamos comprar as garantias necessárias para a finalização do nosso Plano Brady, a última etapa das negociações de reestruturação da dívida externa brasileira a partir da moratória de 1982. Entretanto, nossas reservas vinham crescendo muito e subitamente percebemos que não precisávamos mais do dinheiro deles. Era preciso manter o *staff* distraído com as intermináveis sutilezas de nossa contabilidade pública enquanto adquiríamos as tais garantias, títulos do Tesouro americano, em mercado, a fim de tornar desnecessário o acordo com o FMI. Felizmente, tudo terminou bem,[4] Kafka foi sempre um colaborador inestimável e foi com alegria que escrevi a apresentação para a publicação de seu depoimento sob os auspícios do convênio entre o BCB (Banco Central do Brasil) e o CPDoc/FGV (Centro de Pesquisa e Documentação de História Contemporânea do Brasil, da Fundação Getulio Vargas). E também tive o privilégio de estar em seu *happy hour* de despedida em Washington, uma cerimônia excessivamente modesta para uma carreira tão extraordinária.

Roberto Campos foi deputado federal pelo Rio de Janeiro durante duas legislaturas, entre janeiro de 1991 e dezembro de 1999, um período que cobria todo o tempo em que eu estive em Brasília, em diferentes posições na área econômica. Ele tinha muitas desconfianças de Fernando Henrique Cardoso e de seus economistas da PUC (Pontifícia Universidade Católica), e a memória do Plano Cruzado, que ele havia desancado impiedosa e merecidamente na imprensa, não ajudava. Ele parecia esperar de nós outro "camelo", conforme a sua versão da velha piada, ou seja, um cavalo desenhado em conjunto por economistas da Unicamp (Universidade Estadual de Campinas) e da PUC.[5] Seu julgamento inicial sobre o Plano Real foi muito negativo e superficial: "âncora cambial disfarçada e aumento na carga tributária" e falta de "decisão" para privatizar e desregular. Esse é o registro nas memórias de FHC, que lhe devolveu a crítica: "como se a vontade (em uma visão simetricamente oposta e equivalente ao voluntarismo de esquerda) operasse no vazio, sem que existissem os interesses, as visões contrastantes, as estruturas estabelecidas."[6]

O sucesso do plano e a eleição presidencial de 1994 trouxeram o apoio de Campos a FHC e ao Plano Real, sobre o qual seu veredicto foi ficando mais generoso, ainda que nunca inteiramente convicto. Sem conceder indulgência alguma ao politicamente correto, divertia-se em ver FHC desconfortável diante da acusação de neoliberal. "A acusação é francamente exagerada", segundo dizia, "pois até hoje FHC não fala em 'economia de mercado' e sim em 'mercado socialmente controlado', expressão simpática porém conceitualmente contraditória. Assim, a conversão de FHC ao liberalismo, conquanto sincera, não é completa. Mas essa conversão revela que o subdesenvolvimento mental, característica das esquerdas brasileiras, conquanto doença grave e contagiosa, não é incurável."[7] Nessa fase de sua vida, mais que em outra, o sarcasmo, ainda que imerecido, parecia dominar qualquer consideração.

Começamos a nos aproximar durante as incontáveis audiências públicas no Congresso nos primeiros tempos do Plano Real, época em que muitos setores do PSDB, ainda incomodados com a aliança com o PFL, mostravam desconforto com os nossos apoios "pela direita". As políticas ditas neoliberais de FHC e de sua equipe recebiam, simultaneamente, resenhas díspares: acusações ressentidas pela esquerda e elogios maliciosos dos liberais, ambos com ressalvas, e não era possível estabelecer qual produzia mais incômodo nas lideranças do PSDB. Com frequência, tinha a impressão de que os louvores dos liberais causavam mais irritação que as críticas pela esquerda, com as quais, surpreendentemente, boa parte do partido concordava. Como disse certa vez Machado de Assis, "basta ser partido para não ser inteiro".

Porém, a despeito dessa curiosa dinâmica, com a presidência FHC já em pleno andamento, Campos e eu passamos a almoçar com alguma regularidade em seu modesto apartamento funcional em Brasília, um privilégio sem igual para um jejuno em assuntos relacionados às leis secretas do Brasil e de Brasília em particular.

Mas a convivência não foi fácil.

As tensões entre os economistas do Plano Real e a esquerda quatrocentona do PSDB não eram nada diante de outro ingrediente complexo. Campos tinha sido companheiro de Guilherme Arinos, meu pai, na primeira diretoria do BNDES (Banco Nacional de Desenvolvimento Econômico e Social), constituída em julho de 1952: ele como diretor, até julho de 1953, quando se demitiu junto com Glycon de Paiva, e Arinos como membro do Conselho de Administração, até julho de 1956, quando seu mandato se esgotou. Guilherme Arinos tinha sido o arquiteto da Lei n.1.628/52, que criou o BNDE (Banco Nacional de Desenvolvimento Econômico), projeto em que trabalhou "com afinco e competência",[8] e estava entre os homens de confiança do presidente Vargas. A época era de muitas disputas entre esses "técnicos nacionalistas" e os "técnicos cosmopolitas", entre os quais se incluía Campos, de acordo com a descrição de Lourdes Sola.[9] Sempre a mesma disjuntiva entre ortodoxos e heterodoxos, cuja designação e termos de referência vão mudando com o tempo. Todavia, conforme o relato de Campos, a dinâmica das reuniões entre os dirigentes do BNDE se transformou depois da saída de seu primeiro presidente, Ari Torres, substituído por José Soares Maciel, uma escolha pessoal de Vargas, e que procurou logo deixar claro aos técnicos que estes "estavam enganados ao pensar que o BNDE era uma organização exclusivamente técnica". Nessa ocasião ainda era possível contratar funcionários sem concurso, uma prática que Maciel defendia como "uma necessária e inevitável taxa de meretrício político".[10]

Sempre escutei em casa que a convivência entre Campos e Arinos no BNDE era uma guerra permanente – o liberal e o getulista, o professor e o bancário –, em torno da vocação do recém-criado banco de desenvolvimento. Meu pai nada me contou sobre o teor desses debates, mas tenho a impressão de que a diatribe com Campos, com o qual Arinos manteve boas relações ao longo de toda a vida, talvez tenha servido para que Arinos, um funcionário de carreira do Banco do Brasil de origem humilde, investisse bastante na educação de seu único filho economista, para que ele jamais entrasse em desvantagem em querelas profissionais por conta de deficiência em titulação.

Eu sabia muito pouco de tudo isso quando, nos idos de 1995, o destino me colocou diante do quase octogenário Roberto Campos, o lendário Bob Fields, o polemista que havia arrasado céus e terras, um homem temido e odiado como poucos. Sentia nele um misto de condescendência e curiosidade, mas parecia sempre à beira da conflagração, como se aí se localizasse seu elemento natural. Seria aquele diretor do Banco Central, com metade de sua idade, o portador de alguma vingança tardia? Seria um heterodoxo getulista fazendo-se passar por liberal? Seria sincero em seus propósitos? Seria sustentável esse Plano Real que começava tão bem, inclusive pela ênfase que associava a reformas que ele sempre propugnou, como desregulamentação, liberalização, moeda sadia, responsabilidade fiscal e privatização? Como estabelecer um diálogo com essas criaturas que empunhavam de um jeito muito próprio as bandeiras que sempre foram suas?

Talvez em razão de todas essas dúvidas, as nossas conversas não engrenavam. De alguma maneira, ele parecia desajustado em relação ao que estava acontecendo. Por bons motivos, muitos o viam, inclusive os que lhe dedicavam antipatia, como o grande visionário de uma guerra que súbita e inesperadamente estava vencida. Depois de um duro e prolongado inverno o velho general liberal havia conquistado Moscou, a Cortina de Ferro e, possivelmente, um pedaço de Brasília. O jornal *Folha de S.Paulo* publicou, em abril de 1993, um caderno especial (o *Mais!*) cujo título, bastante eloquente, era: "Ok, Bob, você venceu."

Todavia, os desafios operacionais envolvidos na administração dos territórios ocupados pareciam tão colossais quanto aborrecidos. Muitos países do Leste Europeu experimentavam hiperinflação e viam-se diante de reformas parecidas com as nossas em sociedades também repletas de desconfianças e de opositores ao "choque de capitalismo". As velhas polêmicas conceituais com as quais se identificava pareciam não apenas resolvidas como ultrapassadas, e as novas estavam relacionadas fundamentalmente aos termos exatos de execução de reformas liberalizantes em uma sociedade complexa, democrática, mas também cordial, e marcada pela diversidade e pelo corporativismo. Em seu momento de glória, nenhuma das minhas dores de cabeça parecia interessá-lo. Ao contrário, os detalhes operacionais, o desenho de mecanismos e instituições novas, a necessidade de persuadir e colecionar apoios, dialogar com a sociedade, acordar maiorias desinteressadas, os paradoxos da ação coletiva, tudo isso parecia despertar-lhe um misto de tédio e contrariedade. Sua missão já estava cumprida, e o trabalho remanescente para a infantaria e para os sapadores de minas não o entusiasmava nem um pouco. Talvez por isso a conversa fluísse quase sempre para trivialidades, ou para piadas picantes, o que também parecia agastá-lo. Um dia, de fato, irritou-se seriamente comigo, não por qualquer coisa que eu tenha dito ou feito como diretor do Banco Central, e sim porque desmarquei dois almoços seguidos. Ele continuou a escrever favoravelmente sobre o Plano Real e sobre minhas ações, que nunca deixou de apoiar e encorajar com o seu habitual destemor, como numa célebre entrevista para o *Roda viva*, que até hoje circula pelo YouTube, na qual se refere simpática e elogiosamente à minha atuação como diretor da "carteira de câmbio", entidade em que meu pai trabalhou no Banco do Brasil. Porém, o ritual foi suspenso. Estivemos juntos, na magnífica festa em comemoração a seus oitenta anos, entretanto, jamais conversamos novamente.

De nossos almoços guardo uma lembrança interessante: eu lhe dizia que, a cada semana, aprendia mais e mais sobre fenômenos kafkianos em Brasília. Eu me referia ao Franz, e ele, talvez pensando no Alex e em suas leis, apenas me recomendava que tomasse notas sobre os acontecimentos

Figura 1. A Lei do Limite Geográfico da Lógica estabelece que a lógica inventada pelos gregos no hemisfério Norte não tem aplicação ao Sul do equador. De Aristóteles a Russell, dizia Alexandre Kafka a Roberto Campos (acima), "todos trabalharam acima do Trópico de Câncer! Quanto a nós, vivemos no reino próprio do instinto. Às vezes promovendo-o à dignidade da intuição. Às vezes, ficando na província do palpite".

anormais, bom conselho que segui, infelizmente, apenas em parte. Esta coletânea se deve, em boa medida, a essas anotações. O leitor verá que muito do que se segue tem a ver com o registro de momentos especiais, os raros flagrantes da atuação dos deuses da história em seu trabalho cotidiano, mas quase nunca percebido, de fazer as coisas funcionarem de acordo com alguma lógica, que se tornava compreensível apenas nesses preciosos e fortuitos relances.

Este pequeno livro traz uma releitura, uma atualização e uma considerável ampliação do conceito original das leis do Kafka, uma ideia encantadora que seus autores deveriam ter estendido, e certamente o fariam melhor do que é tentado a seguir. No compêndio adiante, as dez leis originais se tornaram 74, um número destituído de quaisquer propriedades mágicas: certamente há muito mais método na nossa loucura do que cabe em apenas 74 leis, axiomas e maldições. O Brasil parece ter ficado mais complexo do que era em 1961, porém, talvez a melhor explicação para esse número tão grande de novos dispositivos tenha a ver com a metodologia pela qual me pareceu mais apropriado reinventar as velhas leis, considerando as novidades ocorridas nos últimos quarenta anos.

A despeito do que os mestres Kafka e Campos estabeleceram na sexta de suas leis, a do Limite Geográfico da Lógica (Figura 1), o leitor não deve perder de vista a verdadeira mensagem: *as bizarrices do Brasil são todas elas explicadas através do bom-senso e da boa teoria econômica*, só é preciso compreender o contexto e os incentivos, sempre exóticos e incomuns, que provocam comportamentos surpreendentes e idiossincráticos, mas paradoxais apenas na aparência. É muito provável, inclusive, que uma boa parte dessa legislação tenha validade também no hemisfério Norte, uma notável ilustração do quanto estamos integrados na economia global.

Em síntese, este livro, através do modelo introduzido pelas leis do Kafka originais, se destina a iluminar e desobstruir os caminhos tortos pelos quais as leis econômicas funcionam no Brasil. Portanto, não se trata de anarquizar a teoria econômica professando a intuição e o realismo fantástico. Nem por um segundo o leitor deve imaginar que Kafka e Campos acreditavam realmente que o mundo funciona de acordo com leis econômicas muito diferentes daquelas ensinadas na faculdade. A forma frequentemente debochada, aqui empregada, de expor as verdades da economia não pretende deixar no leitor a impressão de que a sabedoria apresentada à moda de Brás Cubas discrepa ou se apequena diante daquela expressa no javanês da academia. As anomalias do mundo prático de que tratam as diversas leis enunciadas aqui não devem ser tomadas como comprovações de "leis alternativas": os fenômenos sem explicação, misteriosas luzes movendo-se no céu, ou curas alegadamente milagrosas não indicam que a ciência deve perder sua utilidade em nome do curandeirismo. Ao contrário, o paradoxo funciona para a ciência como um delicado e elegante desafio, cuja superação reduz os espaços para o charlatanismo e a pseudociência.

O sucesso de diversos livros recentes com o intuito de explicar os mistérios da economia – a maior parte dos quais de autores estrangeiros – me anima a pensar que o leitor brasileiro possui genuíno interesse em relatos leves, acessíveis e informativos sobre os temas que o cercam e frequentemente o intimidam. Steven Levitt e Stephen Dubner, em seu imensamente bem-sucedido *Freakonomics*, um livro sobre o "lado oculto e inesperado de tudo que nos afeta", afirmam que "o moralismo representa a forma como as pessoas gostariam que o mundo funcionasse, enquanto a economia representa a forma como ele *realmente* funciona".[11] Só é preciso entender os incentivos, o que parece ter o condão de nos tornar, a nós, seres humanos racionais, ainda piores aos olhos do politicamente correto. É mais ou menos o mesmo que nos diz Ambrose Bierce, o famoso escritor, jornalista e polemista americano, em seu impagável *O dicionário do diabo* – uma inspiração para esta coletânea –, através do verbete "cínico", para o qual oferece a seguinte definição: "Patife cuja visão defeituosa lhe faz ver as coisas como elas são e não como elas deveriam ser."[12]

No Brasil, sem embargo, é grande a tensão entre o ser e o que deve ser, eis a questão. Uma historieta muito velha a esse respeito ajuda a explicar por que é abundante o material primário de que fazem uso Campos e Kafka. Um viajante passando pelo Rio de Janeiro em 1912, e encantado com o desenho afrancesado da recém-aberta avenida Central, hoje avenida Rio Branco, achou que lhe contavam uma anedota com o relato segundo o qual, durante a construção da avenida, o único prédio que desabou, por erro de cálculo, foi o do Clube de Engenharia. Era verdade. Mendes Fradique, o irreverente jornalista e caricaturista, autor da consagrada *História do Brasil pelo método confuso* (1927), ofereceu a avalição definitiva para o episódio e também o elo entre o lado oculto da economia, as diabruras de Bierce e as leis de Campos-Kafka: "O *humorismo* tem objeto no contraste direto entre o que é e o que deverá ser. Ora, no Brasil, tudo é precisamente *como não deverá ser*, de modo que se torna impossível esse contraste e, portanto, igualmente impossível o humorismo."[13]

Por último, registro os meus agradecimentos mais fundamentais aos legisladores cuja sabedoria aqui foi utilizada à sua revelia, salvo alguns, com quem pude compartilhar o manuscrito e apurar a exatidão dos relatos, como os amigos Pedro Malan e Claudio Mauch. Meus agradecimentos a Marilda Bueno e ao professor José Pio Martins pelo acesso à biblioteca de Roberto Campos, hoje guardada na Universidade Positivo, em Curitiba, e a José Mário Pereira, editor, amigo e especialista em Roberto Campos. Agradecimentos especiais são devidos ao escritor Rodrigo Lacerda e aos amigos economistas Edmar Bacha e Fábio Giambiagi, leitores que jamais esmorecem diante da minúcia e já acostumados à minha imprudência. Também especial é a minha gratidão ao jornalista e ficcionista Sergio Leo, cujo olhar espirituoso e circunstanciado, como o de um rigoroso editor acostumado com os dramas e eventos aqui narrados, tornou este manuscrito muito melhor. Nenhum desses leitores deve ser responsabilizado pelos erros remanescentes e menos ainda pelos espinhos e venenos que permaneceram no texto.

Uma derradeira indulgência deve ser solicitada. No que se segue, ao estabelecer inúmeras leis que, em razão de incentivos perversos, compelem Autoridades e burocratas à indolência ou ao vício, nem por um segundo pretende-se desmerecer os que exercem essas funções em geral, e os que trabalharam comigo em particular. O que este pequeno manual faz equivale a afirmar que o servidor público é mal pago, sobretudo em comparação com as responsabilidades que carrega, o que não quer dizer que não trabalhe direito. O serviço público está repleto de pessoas cuja grandeza interior as torna felizes por servir ao bem comum, e que dedicam toda a sua existência a um impulso altruísta que a maioria experimenta apenas de forma ocasional. Tive o privilégio de trabalhar com muitas delas no Banco Central do Brasil e por toda a Esplanada, de presidentes e ministros a motoristas e ascensoristas, passando pelos tocadores de processos, procuradores e técnicos de todo tipo. Gostaria que esse grupo enxergasse este volume como homenagem e não apenas como sátira.

O mercado
Racionalidade coletiva e indeterminação

1. [Princípio da Convergência] O aplauso do mercado iguala todos os governantes.

No mundo globalizado, o relacionamento entre os soberanos e o que as Autoridades às vezes chamam, em tom científico e respeitoso, de "agentes econômicos" passou a ter um importante mediador, talvez um intruso: a entidade conhecida como "o mercado". Existem muitas percepções sobre a natureza desse organismo, mas nenhuma dúvida sobre o aumento espetacular de seus poderes em anos recentes, fenômeno que despertou enorme contrariedade na esfera política, tanto em praticantes quanto em estudiosos. Afinal, trata-se de mecanismo por meio do qual a vontade coletiva se manifesta sempre de forma confusa e exagerada, certamente enviesada pelos mais variados interesses inconfessáveis e pelas mais canhestras emoções, tornando, assim, mais tormentoso o exercício do poder e o entendimento das razões do jogo político.

Ao longo de muitos séculos, em face da ausência da mídia e da devida publicidade para os atos do Príncipe (por exemplo, ao reduzir o percentual de ouro da moeda, ou emitir dinheiro às escondidas, para ficar apenas nos delitos clássicos associados à moeda e cometidos em silêncio), os poderosos puderam praticar toda espécie de desatino econômico sem risco de enfrentamento com a opinião pública. A consequência estava prudentemente distante da vilania em sua origem, tudo era mais lento e as más notícias chegavam a cavalo. Em tempos recentes, todavia, na era do "tempo real", a velocidade modificou drasticamente, e para sempre, a natureza da interação entre a Autoridade e sua clientela, como se vê pelos humores cambiantes do mercado ou pelas febres virais na internet.

Para inúmeros políticos e economistas da velha guarda, esse olhar vigilante do mercado sobre suas ações ultrapassa em muito a impertinência; eis que, através de manifestações instantâneas e desconcertantes do distinto público, suas vidas se tornaram muito mais velozes e perigosas.

Desde a Renascença, e cada vez mais, o mundo inteiro transformou-se em um palco, como assinalou Shakespeare, e quando as Autoridades entram em cena, com os anúncios bem ou mal-ensaiados de suas iniciativas, o monstro (é como o escritor Luis Fernando Verissimo, um conhecido introvertido, se refere ao público) delibera instantaneamente, de tal sorte que as medidas já estarão dissecadas em seus efeitos e possibilidades antes mesmo de a entrevista coletiva terminar.

De volta a seus gabinetes, ansiosas já no elevador, as Autoridades sempre se surpreendem ao verificar nas telas a reação do mercado, em aplauso ou represália, movimentando seus recursos de um lado para outro, comprando ou vendendo, explodindo ou desabando, ou, pior que tudo, indiferente às novidades, em uma espécie de votação em tempo real, tal qual numa sabatina que referenda, ou não, em cada manifestação, a vontade das urnas.

Para muitos observadores essa aceleração da vida econômica, em boa medida provocada pela internet, combinada à imprevisibilidade dos desfechos, representa um aprimoramento, quem sabe uma modificação institucional na própria ideia de democracia. Nesse novo cenário, em vista dos limites que o mercado estabelece aos poderosos, que jamais tiveram sua autoridade cotidianamente ameaçada por mobilizações coletivas com tanto peso, a democracia parece mais ágil, direta e efetiva. Não são passeatas e comícios com algumas centenas, às vezes alguns milhares de militantes, raramente chegando ao noticiário: são mobilizações de vários bilhões, todos os dias, sempre ocupando as manchetes. Os governos vêm e vão, de direita e de esquerda, e ao mercado cabe comprar e vender diante dos acontecimentos e iniciativas do governo, como quem participa de sucessivos plebiscitos, aprovando ou não o que vê, com as nuances que entender apropriadas.

A exposição ao mercado assinala o momento em que a produção de políticas públicas deixa de ser somente texto e vira teatro, a peça encenada, os personagens encarnados, vivos, um espetáculo luxuoso, organizado e interativo destinado a agradar às plateias de todo tipo. É nesse mágico instante, conforme descreveu um contemporâneo de Shakespeare, que as Autoridades, como os poetas, trocam "a leve mercadoria das palavras por alguma coisa ainda mais leve que as palavras, aplausos e o bafejo desse grande monstro".[1]

Já o desconforto de políticos e politólogos com essa vigilância, frequentemente influenciada de modo negativo pelos rigores da crítica, faz parecer que seja nada mais que uma distorção. Se a política já era como uma nuvem antes da internet, imagine agora. Há muita resistência nesses meios à ideia de que o mercado, em toda a sua volubilidade, representa a coletividade e que, nesse papel, funciona como o legítimo interlocutor da política econômica, sua caixa de ressonância, seu termômetro. Os políticos preferem reduzir o mercado a uma conspiração de bancos ou a um espetáculo. E, por todos esses motivos, segundo alegam, o mercado estaria a limitar as possibilidades dos governantes legitimamente eleitos, ainda que isso seja verdadeiro apenas no que se refere à capacidade das Autoridades para desarrumar a economia. Dessa forma, mesmo quando o mercado dificulta os comportamentos idiotas por parte dos governos, sempre será possível sofismar que o mercado diminui a democracia.

Onde está a razão nesse debate?

A experiência parece mostrar que no momento em que governos e mercados estão prestes a se enfrentar e resolver o problema conceitual e filosófico acima enunciado, os contendores invariavelmente acabam se entendendo. Diante do impasse, em nove de dez casos, os governantes preferem o romance ao embate, como se o carinho e o aplauso do mercado fosse irresistível, como se a contradição entre mercado e democracia fosse, de fato, apenas uma falácia, e um mau acordo fosse melhor que uma boa confrontação ideológica. Nessas novas circunstâncias, sim, o mundo se tornou mais plano, como diz o jornalista e escritor Thomas Friedman, e os governos muito parecidos entre si, inclusive com a equalização das políticas e dos discursos. O esforço de diferenciação nas campanhas políticas assemelha-se às batalhas publicitárias entre fabricantes de cerveja, sobre a qual vale lembrar que o paladar humano não é capaz de distinguir uma da outra quando abaixo de certa temperatura. Goste-se ou não, o mercado é a forma mais eficiente e influente de expressão da opinião pública, e a experiência de "aburguesamento", ou de pragmatismo do governo do PT, a partir das eleições de 2002, é uma das diversas demonstrações desse teorema.

2. [Princípio da Eficiência Ilusória] O futuro está no preço.

No exercício de seu trabalho, os economistas operam cotidianamente com modelos matemáticos simplificados, os quais, por sua vez, se assentam sobre hipóteses inevitavelmente reducionistas. É a mesma lógica que leva os cartógrafos a não trabalhar com mapas na escala 1:1, cuja inutilidade se tornou o assunto central de um famoso conto de Jorge Luis Borges, uma parábola sobre o método científico. Porém, a escolha criteriosa, ou talvez maliciosa, dessas hipóteses simplificadoras, pode nos levar às mais recônditas possibilidades.

É mais ou menos isso o que ocorre nos mercados financeiros quando se trata do futuro: como na velha piada do economista numa ilha deserta, esfomeado e com uma lata de sardinha, e que "supõe" que exista um abridor e assim mata a sua fome, no confuso ambiente do mercado financeiro *o futuro supõe-se conhecido*. O economista, como o mercado, vive num mundo construído a partir de cenários e hipóteses, invariavelmente precários e irreais, ou mesmo levianos e adulterados, mas que valem como fatos até que se prove o contrário, ou que histórias melhores estejam disponíveis. Afinal de contas, *tudo o que se faz no mercado tem a ver com previsões sobre o futuro, sem as quais nada funciona*.

Em absoluto contraste com as previsões feitas em horóscopos, nas cartas de tarô e na copromancia, conforme estudada por Rubem Fonseca, as percepções sobre o futuro nascidas e utilizadas no mercado financeiro resultam em movimentações em dinheiro, ou seja, em *apostas*. E estas são proporcionais ao tamanho do cacife, e também à convicção quanto à magnitude e à direção do movimento. São, portanto, *previsões levadas a sério*; se estiverem erradas o investidor pode perder muito dinheiro. Esse tipo de previsão difere da mera conjectura inocente e inconsequente que qualquer pessoa possui o direito de fazer. Se os videntes e astrólogos ganhassem dinheiro com seus acertos, mas *também perdessem com seus erros*, provavelmente prefeririam não correr o risco e manter-se no terreno ameno das profecias vagas, cuja utilidade reside em atender à ansiedade das pessoas com o desconhecido.

No mercado financeiro, as ideias sobre o futuro trazem consequências econômicas bastante diretas para os preços das coisas ali transacionadas, como em um cabo de guerra entre comprados e vendidos, uma batalha sem fim, segundo o velho clichê, entre o medo e a cobiça. É nesse sentido que se diz que *o preço é uma síntese* dessas concepções sobre o futuro, ainda que de forma efêmera, emocional ou falsificada.

Muitos tratam o fenômeno como representativo da eficiência dos mercados em processar informações, mas é preciso cuidado para não exagerar essa clarividência implícita no preço, pois sempre há bastante ruído na mistura. Mesmo com essa ressalva, *o mercado revela o pensamento médio da coletividade sobre o futuro*. O jornalista Ibrahim Sued, tempos atrás, estabeleceu que, em sociedade, tudo se sabe; já no mercado, que também possui essa sabedoria, o que se sabe sempre se transforma em compra ou venda de algum ativo, com impacto determinante sobre o preço. Portanto, segue-se que toda informação relevante, e também a irrelevante, a privilegiada e a estapafúrdia, *estará refletida no preço*, o qual, por conta disso, representa uma síntese de tudo o que se sabe sobre o futuro, incluindo as influências de quem sabe demais. Por isso, quando um neófito expõe uma conjectura ou uma teoria conspiratória para uma raposa, tenderá a ouvir o bordão: "Já está no preço."

3. [Axioma de Malan] O futuro tem por ofício ser incerto.

Com muita frequência os economistas, sobretudo quando investidos na posição de Autoridade, são confrontados com um simples, porém seriíssimo, desafio: se compreendem tão bem o funcionamento da economia, se estudaram a matéria por tantos anos e se dispõem de poderes de Autoridade, como é possível que não tenham algum controle ou habilidade para prever o futuro?

Na verdade, a pergunta angustiada sobre como a Autoridade enxerga o futuro é de longe a mais frequente e mais sincera em todos os contatos com a imprensa, e tanto mais carregada de sentimentos quanto mais complexa a conjuntura. Diante desse desafio cotidiano destaca-se a gentil e firme elegância do ex-ministro da Fazenda Pedro Malan, que parecia divertir-se em não soar repetitivo ao enunciar o princípio transcrito acima três, cinco, quinze vezes por dia, tantas quantas fossem necessárias, com diferentes entonações, para tranquilizar o interlocutor.

A pergunta sobre o futuro produz desconforto não apenas no economista, mas também em outros profissionais, como os que militam na física, na meteorologia ou mesmo no futebol, áreas onde previsões são sempre igualmente temerárias. E ficou pior: com o avanço da tecnologia de satélites, o desenvolvimento de poderosos computadores, permitindo acompanhar com mais precisão os movimentos de massas de ar, as previsões meteorológicas estão cada vez melhores. Para o economista, em contraste, com o avanço da globalização financeira e da interdependência entre as nações, a vida ficou ainda mais difícil.

Nos cadernos econômicos de fim de ano, geralmente são comparadas as previsões novas e velhas para o PIB, a inflação, o câmbio, e todas essas coisas, com o que efetivamente se passou. É sempre um festival de erros; o público se acostumou a pensar que os economistas, tanto quanto os meteorologistas, parecem se debruçar sobre mundos que realmente não compreendem.

É verdade que as previsões do tempo são sempre de má qualidade, como as previsões econômicas, mas é importante ter claro que isso não se deve ao fato de as leis da física ou da economia serem sistematicamente desobedecidas, nem porque existam leis "alternativas" desconhecidas, nem por alguma "falta de lógica" intrínseca aos eventos físicos e econômicos. O leitor entendido em futebol há de lembrar que quando a CEF (Caixa Econômica Federal) lançou a Loteria Esportiva muitos acharam que seria fácil ficar rico. Mas não foi isso o que se passou no país onde todos são técnicos de futebol, ou professores no assunto. Os maiores vencedores estavam sempre entre os que não sabiam nada sobre futebol e preenchiam seus cartões de forma randômica. Como explicar? Será que os resultados do futebol, como os da economia, a incidência de temporais e geadas se produzem unicamente pelo acaso?

A explicação técnica para a incerteza na meteorologia e na economia tem várias vertentes, uma delas de natureza computacional, relacionada ao tamanho dos sistemas ou ao número de variáveis e equações não lineares que supostamente regem a nossa existência. Mesmo que vivêssemos em um mundo determinístico, com leis severas a governar as relações de causa e efeito na natureza e nas relações humanas, a quantidade de informação necessária para que realizássemos os cálculos tornaria inviável prever muita coisa.

O problema, todavia, é bem mais complexo, pois *não vivemos num mundo determinístico*, onde o passado e as "leis de movimento" que os homens constroem a partir deste governam o futuro. Essa é, inclusive, a principal mensagem do verso seminal do inglês S.T. Coleridge que deu título às memórias de Roberto Campos (*Lanterna na popa*): "e a luz que a experiência nos dá é a/ de uma lanterna na popa, que ilumina/ apenas as ondas que deixamos para trás." A história é útil como orientação, mas jamais um roteiro preciso.

Uma das maiores dádivas da existência, o livre-arbítrio dos seres humanos para fazer escolhas, ou, para usar a linguagem de Maquiavel, o uso da virtude para tirar proveito da fortuna, por paradoxal que possa parecer, é o elemento central a produzir incerteza nos comportamentos coletivos. Mesmo quando não há nenhum lugar para o acaso, como num jogo de xadrez, o resultado, bem como o desenvolvimento da partida, é sempre incerto, pois nenhum dos jogadores sabe o que o adversário fará em seguida. Isso vale para o futebol e para o destino dos personagens shakespearianos, que não são manipulados por deuses caprichosos – em razão de sua liberdade fundamental para escolher os caminhos, os seus destinos frequentemente colidem e os resultados se tornam gloriosos, caóticos, sangrentos, imprevisíveis.

4. [Princípio da Igualdade na Ignomínia] No mercado, os mais espertos ganham dos menos espertos, mas, como todos são espertos, eles se revezam nessas respectivas posições.

A informação, assim como a qualificação para utilizá-la e ganhar nos mercados financeiros, está disponível para todos bastante dispersa. De modo que, exceto pela informação privilegiada (*inside information*), que os sistemas jurídicos caracterizam como crime, ou por habilidades realmente extraordinárias, e raras, o mercado, ao longo do tempo, é um jogo no qual a taxa de acerto é quase igual à de erros. É melhor do que nos cassinos, todavia a experiência costuma ser difícil para qualquer um que se considere mais inteligente do que a média. No mercado, com efeito, *todos* estão acima da média, o que pode ser matematicamente impossível, mas faz o maior sentido e em geral oferece uma lição de humildade para as grandes inteligências. Todos acabam errando mais ou menos feito todo mundo.* Todos têm o seu dia de "gênio das finanças", talvez com a mesma frequência com que vão dormir se achando idiotas completos.

A legislação correlata no mundo anglo-saxão é *you cannot beat the market* (você não pode ganhar do mercado), ou seja, ninguém, sistematicamente, acerta mais que os outros; todo mundo ganha, em geral, na média do mercado. E, assim, toda vez que o leitor se deparar com propaganda de investimento, por exemplo, mostrando que uma instituição "foi primeira colocada" do respectivo mercado em que atua, deve desconfiar. O melhor

* No aclamado livro de Leonard Mlodinow *O andar do bêbado: como o acaso determina nossas vidas*, Rio de Janeiro, Zahar, 2009, há uma demonstração particularmente clara e contundente desse fenômeno utilizando-se a experiência de fundos mútuos nos Estados Unidos durante 1991-2000.

em rentabilidade num dado período pode ser o pior em outro período, a fim de que o princípio do revezamento acima enunciado seja obedecido. É claro que existem exceções, ainda que poucas e difíceis de serem identificadas, como os restaurantes verdadeiramente bons. Para isso existem os guias e os críticos, e também os rebates, as comissões e os conflitos de interesse, assunto de que trataremos em vários tópicos adiante.

5. [Axioma de House] O mundo se divide entre comprados e vendidos, que se revezam nessa posição, e todos mentem sobre a sua real condição.

No mercado, como já observado, tudo se sabe. Entretanto, diferentemente do *high society*, onde o exibicionismo é a regra, no mercado os operadores estão mais para pragmáticos jogadores de pôquer ou para poetas fingidores como Fernando Pessoa, que chegam a fingir a dor que deveras sentem, e nada indicam sobre as dores (e posições) existentes e sentidas, apenas revelando as descritas na poesia.

As verdadeiras crenças e a efetiva natureza, montante e direção das apostas dos operadores de mercado, nunca serão reveladas corretamente diante de uma pergunta direta. Todos mentem, conforme o bordão criado pelo doutor Gregory House, o controvertido especialista em diagnósticos de uma das mais bem-sucedidas séries de televisão dos últimos tempos.

A verdade do mercado está sempre nas posições assumidas, nunca no discurso: o mercado só fala nos autos. E para evitar que a mentira – melhor dizendo, a desobrigação de dizer a verdade – fique evidente, os participantes do mercado recorrem a uma imagem muito popular, a "Muralha da China" (em inglês, *the Chinese Wall*), atrás da qual põem a falar a figura do "economista-chefe", *alguém que tem uma opinião sincera que não tem nenhuma relação com a do pessoal que opera*.

A "Muralha da China" designa a separação que deveria existir, por exemplo, entre quem faz pesquisa econômica e publica suas recomendações vagas e inofensivas para os clientes ("os analistas") e a tesouraria. Os primeiros são os estudiosos, os que escrevem relatórios, os que respon-

Figura 2. A muralha que separa áreas conflitadas dentro de instituições financeiras.

dem aos questionários do BCB (Banco Central do Brasil) e os que fazem declarações públicas inteligentes e espirituosas, normalmente otimistas e cautelosas. A tesouraria, onde estão os operadores que têm o talão de cheques, não aparece, não fala, ninguém sabe de quem se trata e, graças à figura da "Muralha da China", em nada se associa ao que diz o economista-chefe ou mesmo o presidente do banco.

Entre os que falam e os que operam parece haver uma lógica muito assemelhada ao que se conhece nos Estados Unidos como *plausible deniability*, expressão cuja tradução ao pé da letra seria "a capacidade de negar envolvimento de forma plausível". Esse tema foi extensamente discutido no mundo jurídico anglo-saxão quando se investigou a atuação da CIA (agência central de inteligência americana) em diversos episódios controversos nos quais as cadeias de comando eram estabelecidas de forma deliberadamente informal, a fim de que a Autoridade máxima sempre pudesse negar de forma plausível que tivesse conhecimento de qualquer operação mais polêmica que de fato ordenou. É a mesma lógica, segundo dizem os ufólogos, pela qual as Autoridades dizem desconhecer as evidências de vida extraterrestre ocultas nos arquivos militares.

O fato é que, no mercado, sempre, em qualquer ocasião, metade da munição está com os comprados e a outra metade com os vendidos, se o preço está dado. Repare que isso não tem nada a ver com esperteza, assunto de que tratamos logo acima (n.3, Axioma de Malan), a propósito da ignomínia e da capacitação dos participantes do mercado, mas com o ânimo comprador. O que se procura estabelecer neste tópico é que o mercado não tem nenhum viés nesse assunto, a despeito do que as instituições falam através de seus porta-vozes. O pessimismo seria uma ocorrência rara, se a verdade do mercado estivesse refletida nas manifestações institucionais. Na prática, há sempre uma metade do mundo pessimista, mas quem realmente está comprado, ou vendido, nunca se sabe, até porque, no momento seguinte, as instituições trocam de posição, a dança das cadeiras recomeça e o preço muda, ou não, e sempre uma metade acredita e a outra duvida.

6. [Lei do Mais Forte] *Money talks (o dinheiro manda).**

Parágrafo único. Todo conflito de interesse é sempre resolvido da mesma forma que o rio corre para o mar.

Eis aqui um princípio cujo enunciado rudimentar é menos importante que as sutilezas que dele derivam. Independentemente da qualificação dos operadores, ou de estarem otimistas ou pessimistas, há uma clivagem mais profunda no mercado financeiro associada à propriedade do capital.

Pode parecer meio óbvio, sobretudo aos marxistas, mas os balanços patrimoniais de entidades financeiras estão se tornando tão complexos que coisas simples, como a determinação do tamanho ou mesmo da identidade

---

* Uma pequena advertência ao leitor que não fala inglês e não gosta de expressões fora de seu idioma, a despeito de serem consagradas: é melhor se acostumar. Não se trata de ofensa à língua portuguesa nem de entreguismo linguístico, mas apenas do chamado "uso consagrado", ou de algo que, com o tempo, se tornará um estrangeirismo e acabará, depois de mais algum tempo, incorporado ao vernáculo. Alguém se lembra de onde veio "futebol"? Na língua castelhana vigora a tradução literal "balompié", feiíssima. Houve também a ocasião em que se combatia a galiparlice e se quis trocar "piquenique" e "chofer" por "convescote" e "cinesíforo", felizmente sem sucesso.

precisa dos donos do capital, ficam bastante dificultadas. Especialmente na presença do que adiante descreveremos como "problema da agência", a designação técnica para as dificuldades relacionadas ao modo como os representantes e prepostos atuam "no melhor interesse" de um terceiro, para não falar dos sistemas de remuneração variável e programas de opções de compra de ações, que confundem bastante, quando não opõem o acionista e o executivo.

Para muitos, o capital não apenas não tem mais lógica como não tem mais dono, o que desestabiliza tanto reguladores quanto filósofos marxistas.

Normalmente o mercado designa, em inglês mesmo, como *buy side* (o lado comprador) a pessoa e a instituição que têm mandato para investir o capital e estão na posição de contratar serviços com esse fim; e como *sell side* (o lado vendedor), a pessoa e a instituição que oferecem alternativas de investimento e/ou que prestam serviços ao agente investidor. Nenhuma ação, omissão, opinião ou palpite, em assuntos de mercado, pode ser avaliada objetivamente sem que se saiba a posição do sujeito na clivagem acima especificada.

Não existe acaso nem opinião desinteressada no mercado financeiro.

O cliente, personagem-chave nesse ambiente como em qualquer ramo de comércio, é, por excelência, quem está no lado comprador, enquanto os grandes bancos são tipicamente os maiores atores na ponta vendedora, competindo pelo capital e pelos clientes. Pode parecer que o comprador tem muita força nesse cabo de guerra, mas a verdade é mais tacanha: o poder, nessa relação, não está na condição e sim no tamanho. O grande cliente só compra em leilão, o pior cenário para quem tem que vender serviços (ver adiante, n.59, Princípio da Maldição do Vencedor), e assim leva enorme vantagem. Já o pequeno se torna refém dos bancos e fundos, geralmente paga preços absurdos pelos serviços financeiros e frequentemente é defendido, na medida do possível, pelo regulador (por exemplo, no tema das tarifas bancárias).

Há gente grande nos dois lados, e a lógica predominante é o grande esfolar o pequeno, qualquer que seja a relação, e nesse tópico o mercado financeiro não é propriamente original. Eis aqui, portanto, a lei do mais forte, algo bem mais simples e verdadeiro que a luta de classes, conceito, como se sabe, polêmico e cada vez menos popular, mesmo entre professores de geografia do curso secundário.

A segregação já mencionada serve para elucidar um tema central para o mercado financeiro, uma dor de cabeça que está em toda parte, um assunto que consome uma parcela enorme do tempo de quem está nessa profissão: os conflitos de interesse.

Há uma infinidade de casos em que indivíduos e instituições estão presentes nos dois lados da relação de compra e venda, e com frequência estão às voltas com situações nas quais os seus incentivos não estão alinhados com os de seus clientes ou patrões e suas opiniões podem estar enviesadas pelo interesse pessoal. Pense no gerente de banco que liga para seus clientes para recomendar determinada operação. Ele pode estar movido pela comissão oferecida pelo vendedor, no caso, seu próprio empregador, e não pelo carinho e consideração com o cliente nem pela convicção sincera sobre as vantagens do negócio. Seu gerente deveria estar com você na ponta compradora (no *buy side*), mas, na realidade, ele está meio lá meio cá, portanto, conflitado, e nessa condição vai trabalhar pelo banco contra você, porque o rio corre para o mar.

Pense no analista que emite recomendações favoráveis a um determinado papel ou operação. Ele pode estar movido por sentimentos genuínos ou pode estar sujeito a um sistema de comissionamento e remuneração pelo qual irá ganhar mais se o volume de operações naquele papel, na sua corretora, for ampliado. A instituição para a qual trabalha e também outra, do conglomerado do qual o empregador dele faz parte, podem estar ganhando uma comissão escandalosa pela venda de um papel: será que isso não mexerá com o discernimento desse analista? Pense em um fundo de investimento gerido pelo mesmo conglomerado: será que o gestor será neutro e objetivo com relação ao papel? Será que não receberá instruções, formais ou apenas sussurradas, sobre isso?

Uma coisa é certa: havendo conflito de interesses, toda opinião é utilitária a despeito da vestimenta técnica, pois, como já observado, o rio corre para o mar.

7. [Princípio da Refeição Gratuita Inexistente] O "trouxa" já quebrou.

Parágrafo único. Notas de cem dólares encontradas na rua são sempre falsas.

O trouxa é o alimento do mercado, figura essencial para a sua sobrevivência, mas a ele não pertence. O princípio de que o trouxa não existe é analógico ao que se observa na doutrina política, quando se trata do Poder Legislativo: o trouxa não se elegeu, ou constitui a única categoria sem representante no Parlamento. A ausência do trouxa serve como indicação, no mundo anglo-saxão, de sua inexistência, pois é isso o que, no fundo, se pode depreender da máxima de que "não existe almoço grátis", cuja versão brasileira é devida a Machado de Assis: "não se pode ir à Glória sem pagar o bonde." A ausência do trouxa, todavia, pode permitir uma interpretação mais ampla e benevolente, a saber, a de que ele não foi barrado no mercado e na política, mas de que é um animal raro, em extinção, talvez mesmo já extinto. Há grande controvérsia sobre o tema, e aqueles possivelmente detentores de provas da existência do trouxa sempre estão a evitar qualquer comentário sobre o assunto. Quem conhece o trouxa não conta para ninguém.

Outra interpretação bastante mais venenosa e muito popular no Brasil é a de que o trouxa não é trouxa de graça, o que, em verdade, implica que o trouxa não é realmente trouxa. Essa vertente de interpretação remonta a Epimênides, o filósofo cretense que criou um paradoxo que leva seu nome: quando ele mesmo diz que todo cretense é mentiroso estará dizendo a verdade?

Quanto ao corolário referente às notas de cem dólares, o princípio é o mesmo. Os participantes do mercado são "racionais" e os mercados, "eficientes", de modo que as oportunidades "fáceis", quaisquer que sejam, já foram todas percebidas e exauridas. E, assim, as possibilidades de se ganhar dinheiro sem esforço ou risco, ainda mais em um ambiente repleto de gente inteligente, geralmente não são verdadeiras, como notas de cem que se acham na rua: se fossem autênticas alguém já as teria levado.

8. [A Maldição dos Seguros] Sempre custa dinheiro livrar-se de riscos, pois quem os absorve sabe mais que você.

A ansiedade criada pelo desconhecimento do futuro, notadamente em razão de suas consequências econômicas, deu origem a diversas indústrias financeiras importantes, a mais antiga e respeitável das quais é a dos seguros. É fácil ver que muitos dos riscos que se prestam a tratamento estatístico, ou seja, todos os eventos para os quais existe *um sólido histórico de ocorrências* – a duração da vida, a incidência de doenças, a capacidade laboral, os acidentes pessoais ou de trânsito e a incidência de incêndios –, podem ter suas consequências econômicas minimizadas por um esquema inteligente e coletivo de poupança que faz frente a indenizações a serem pagas no caso do "sinistro".

Tudo começou em 1687, quando Edward Lloyd fundou um café onde se reuniam marinheiros e aventureiros e começou a acumular informações sobre chegadas, partidas e desfechos das mais variadas expedições e a formar um "comércio" sobre o financiamento, ou sobre o seguro, de diferentes viagens. Corretores coletavam clientes entre os capitães e empresários e ofereciam o "risco" aos frequentadores do Lloyd, que, em troca de um prêmio, assinavam sob (*under*) os termos do contrato. Logo, esses operadores ficaram conhecidos como *underwriters* ("os que assinam embaixo"), linguagem até hoje utilizada para os subscritores de apólices de seguro.

A indústria dos seguros possui enorme importância na vida em sociedade, e de forma parecida com a indústria farmacêutica: ambas produzem coisas muito úteis a partir de tecnologias complexas e em regime de monopólio, ou quase. É por conta desse último pormenor que existe um problema normalmente designado como "assimetria de informação" no relacionamento entre produtores e consumidores desses produtos: as companhias de seguros e seus atuários sabem tudo sobre esses riscos e seus clientes não sabem nada. O leitor talvez nunca tenha ouvido falar dos atuários, cuja profissão foi reconhecida no Brasil em 1969: conforme o Decreto n.66.408, de 3 de abril de 1970, trata-se de "técnico especializado em matemática superior que atua de modo geral no mercado econômico-financeiro, promovendo pesquisas e estabelecendo planos e políticas de investimentos e amortizações, e em seguro privado e social, calculando probabilidades de eventos, avaliando riscos e fixando prêmios, indenizações, benefícios e reservas matemáticas". O IBA (Instituto Brasileiro de Atuária) vai bem além: o atuário é "um verdadeiro arquiteto financeiro e matemático social capaz de analisar concomitantemente as mudanças financeiras e sociais no mundo".

A revista *Time*, em 2012, estabeleceu em pesquisa que a atuária é a segunda melhor profissão entre quatrocentas outras para o futuro, perdendo apenas para engenheiro de *software*. O fato é que nenhum fundo de pensão ou seguradora abre a lojinha pela manhã sem consultar o atuário.

Com muita frequência, esse é o começo de um relacionamento desastroso, pois a assimetria de informação tornaria o cliente um refém indefeso dessas companhias, de seus incríveis especialistas em risco, para não falar de seus advogados, que fazem contratos cujas minúcias e ressalvas em letrinhas pequeninas engrandeceram a reputação das companhias de seguros no quesito do esperneio na hora de pagar.

A teoria econômica aqui é muito clara, e são três os vencedores do Prêmio Nobel de 2001 – George A. Akerlof, A. Michael Spence e Joseph E. Stiglitz – a argumentar que a assimetria de informação pode tumultuar mercados de forma particularmente perversa. Em seu precioso *O dicionário do diabo*, o polemista Ambrose Bierce define "seguros" como um "engenhoso jogo de azar no qual ao jogador é permitida a convicção confortável de que está ganhando da banca". O fato é que a competição e a regulação protegem bastante o contratante de seguros, assim como o usuário de medicamentos, o que, todavia, não retira a excelente lucratividade da atividade, longe disso. A sensação de que as pessoas acabam recebendo pouco diante do que pagam, todavia, é muito real, tal como o sentimento de quem compra um carro usado.

9. [A Maldição dos Derivativos] Livrar-se de riscos complexos é como jogar na loteria.

Nas últimas décadas do século XX a indústria dos seguros e da previdência já estava madura quando uma revolução teve lugar com o crescimento dos chamados "derivativos" e a penetração de novos e revolucionários métodos quantitativos no mercado financeiro. Subitamente, o escopo da "administração de riscos" ou, ainda, do oferecimento de produtos financeiros para redistribuir, decompor, hierarquizar, neutralizar e mesmo amplificar riscos se expandiu ao infinito. Dois especialistas no assunto ganharam o Prêmio Nobel de Economia em 1997 – Myron Scholes e Robert Merton –, em função de seus trabalhos sobre a fixação de preços para certos riscos, principalmente sob a forma de opções, e os volumes negociados em bolsas de derivativos e na modalidade de balcão (derivativos não padronizados em que uma instituição financeira é a contraparte) cresceram a valores totalmente impensáveis.

O surgimento dos derivativos era uma inovação extraordinariamente ampla que mudaria os rumos da economia global, sobretudo no modo como os agentes financeiros lidavam com o futuro. Mas também porque amplificaria em larga escala os problemas de assimetria de informação de que tratamos na lei anterior (n.8, A Maldição dos Seguros) e que costumam atrapalhar a vida dos que acreditam em eficiência informacional de quaisquer mercados.

Os derivativos introduziram novidades espetaculares na modelagem de riscos financeiros por meio de produtos complexos não apenas para nobres finalidades defensivas como para novas e apavorantes possibilidades especulativas. Como toda inovação financeira revolucionária, esta provocaria explosões em laboratórios, erros grosseiros de dosagem, má-fé e descaso na sua utilização e vastas ilusões em seus inventores, que ficariam como alquimistas perplexos diante dos efeitos de suas invocações profanas. Na crise de 1998 tivemos um vislumbre dessas dificuldades com a quebra do LTCM (um fundo de investimento onde os dois mencionados economistas vencedores do Nobel eram sócios). E mais claramente em 2008, com o pânico iniciado pela concordata da Lehmman Brothers, enxergamos a verdadeira extensão dos perigos que o sistema financeiro tinha construído para si. Ficou famosa, nesse contexto, a observação do grande investidor americano Warren Buffet, segundo a qual derivativos seriam "armas de destruição em massa".

A crise de 2008 revelou uma acachapante verdade: boa parte dos compradores desses produtos não entendia muito bem como a coisa funcionava, agiu confiando na contraparte e ficou bastante surpresa ao saber que teve perdas cuja magnitude era um múltiplo inacreditável do capital investido. Daí a sabedoria dessa lei: quando o produto financeiro complexo não é compreendido em todas as suas nuances pelo cliente, e houver mau tempo, o cliente terá perdas desproporcionais aos riscos que imaginava estar correndo. É uma manifestação especialmente cruel do problema de assimetria de informação: o construtor desses produtos de mitigação ou administração de risco com frequência vai lhe cobrar uma fortuna, como se estivesse fabricando um seguro sob medida, mas vai deixá-lo desprotegido em flancos improváveis que você só será capaz de perceber quando for tarde demais. Abstraídos os especialistas, a sensação será a de que os derivativos servem apenas para mudar o jeito pelo qual se perde dinheiro.

A alusão às loterias é um clássico, ainda que sua sabedoria soe como uma pequena crueldade a tantos que se dedicam ao passatempo inofensivo de jogar na megassena. Mas o fundamento econômico é claro: as probabilidades de se ganhar na loteria são astronomicamente diminutas diante do que se paga para jogar, fato que, de forma paradoxal, parece não incomodar o grande público. Com efeito, o "investimento" representado por um jogo de loteria é dos piores que existem, e um bilhete deveria custar um terço do seu preço para que o jogo se tornasse justo, ou seja, para que retornasse, em média, aos jogadores, um valor condizente com suas chances de vencer. Por isso as loterias e os chamados jogos de azar em geral foram proibidos em diversos países e frequentemente autorizados como monopólios estatais, dentro do entendimento de que funcionam mais ou menos como um imposto, só que pago de modo voluntário. O mesmo raciocínio poderia valer para bingos, cassinos e para o jogo do bicho, situações em que os direitos a explorar a atividade seriam vendidos por preços exorbitantes, com o benefício para o Erário, e os impostos sobre os ganhos dos condutores dessas atividades seriam também elevados.

De um jeito ou de outro, as probabilidades infinitesimais de o apostador ver seu capital retornado são o que oferece fundamento para a afirmativa de que as loterias são um imposto sobre a estupidez, ou sobre a incapacidade matemática, imposto não previsto em nenhuma Constituição do planeta, mas perfeitamente legal, uma vez que não tem essa designação e, mais importante, é pago por iniciativa do contribuinte. O fato é que a assimetria de informação no tocante a derivativos complexos é tão grande que a contraparte mal-informada parece estar na posição de quem joga na loteria, pagando caro por não conhecer bem o jogo em que está se metendo.

10. [Primeira Lei do Fundamentalismo] Sempre pode ficar pior.

Frank Knight, um lendário economista da Universidade de Chicago, pertencente a uma geração anterior à de Milton Friedman, notabilizou-se por estabelecer a distinção entre "risco" e "incerteza", sendo esta distinta daquele justamente pela ausência de precedente ou indicação sobre a distribuição de frequência de determinado evento. Isso torna as coisas ainda piores: como prever um evento sobre cujas probabilidades nada sabemos?

A "incerteza knightiniana" é um assunto meio *cult* nas escolas "alternativas" de pensamento econômico (marxistas, estruturalistas etc.) e também entre alguns consultores nada alternativos, pois é uma daquelas bombas que podem destruir qualquer tentativa de vida analítica inteligente: é fácil ouvir de um desses economistas marxistas de linguagem parnasiana que a economia capitalista é dominada pela incerteza, por isso toda teoria erigida sobre a hipótese de um mundo ordenado é falsa. Com isso ficamos todos reduzidos a tacapes e tangas quando se trata de teoria econômica. E os "alternativos" e amadores, especialmente em épocas de crise, igualam-se aos cientistas profissionais em suas aparições públicas e na autoridade com que, de forma sempre sarcástica, profetizam acertadamente os desacertos já acontecidos.

Para escapar das limitações propostas por Knight, o interessado em economia que não quer desistir da disciplina pode usar Albert Einstein, para quem "Deus não joga dados". Não existe o acaso na natureza, defendia o cientista a propósito do famoso princípio da incerteza de Werner Heisenberg,* que é sempre invocado quando se trata de discutir o assunto. Reconciliar esse simples fato com a incerteza ou a incapacidade de o homem prever o futuro é uma lição de humildade para quaisquer cientistas, sobretudo economistas.

Lidar com uma distribuição de probabilidades que não se conhece pode ser muito mais perturbador do que a ideia de um futuro incerto, porém sujeito a alguma lógica. É instigante observar os movimentos erráticos dos gráficos para as variáveis do mercado financeiro e imaginar que eles obedecem a alguma lei maior, que não é a teoria econômica convencional e cujo deslinde estaria ao alcance das mãos daqueles que perseverarem o suficiente, ou aprenderem a decifrar aquelas mensagens ocultas. O misticismo é uma tentação permanente diante da já proverbial incapacidade de se prever o futuro. Tendo em vista que os doutores e cientistas que estudaram finanças, matemática e estatística não adivinham o futuro melhor do que ninguém, segue-se que qualquer observador interessado pode fazer fortuna no mercado de ações caso seja capaz de interpretar os códigos e mistérios nas entrelinhas dos gráficos.

O fundamento do que se conhece como "análise técnica" ou "grafismo" nos mercados de ações talvez seja o terreno em que a tentação mística seja a mais evidente. Tudo começou em 1202 com o livro de um matemático de

---

* Werner Heisenberg, físico alemão, celebrizou-se por descobertas no campo da chamada "mecânica quântica", que se refere às leis da física para as partículas subatômicas. Um de seus achados mais instigantes e controversos foi justamente o de que no mundo subatômico duas partículas *podiam* ocupar o mesmo lugar no espaço e que, diante disso, sua exata localização a cada momento era incerta. Esse fenômeno ficou conhecido como "princípio da incerteza".

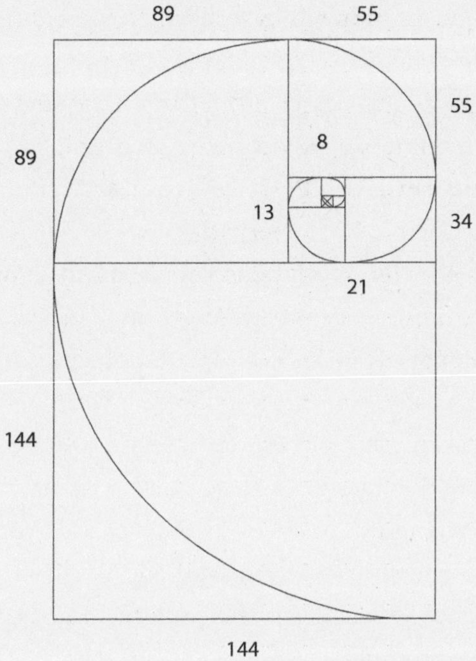

Figura 3. Espiral "áurea" construída a partir da série de Fibonacci.

nome Leonardo Pisano, conhecido como Fibonacci por conta de seu pai, Bonacio. Nesse livro, entre inúmeras descobertas, havia a chamada série de Fibonacci, uma sequência de números inteiros em que cada número é a soma dos dois que o antecedem: 1,2,3,5,8,13,21,34,55,89,144 etc. Essa série possui algumas propriedades extraordinárias: dividindo-se qualquer número da série, depois de 3, pelo seguinte, a resposta é sempre 0,625, e depois de 89 é sempre 0,618.* Os gregos chamavam esse número de "áureo meio-termo", o número que define as proporções do Partenon, a proporção entre a parte inferior e a superior das cruzes cristãs e, na natureza, uma proporção que aparece em padrões de flores, em folhas de alcachofra, ramos de palmeiras e no corpo humano. Uma das construções mais românticas a partir da série de Fibonacci é a espiral da Figura 3, construída a partir de quadrados cujas dimensões relativas sucessivas obedecem às

* O número é exatamente igual a $(\sqrt{5}-1)/2$.

regras da série e que reproduz diversos formatos encontráveis na natureza, especialmente em conchas.

Mas qual o significado desses números? O que sugere a espantosa frequência com que o número 0,618 ocorre na natureza? Para muitos, não quer dizer coisa alguma, Fernando Pessoa entre eles, de conformidade com os versos de Alberto Caeiro: "O mistério das cousas? Sei lá o que é mistério./ O único mistério é haver quem pense no mistério." Para outros, os que querem acreditar, os misteriosos padrões de flutuação nas bolsas de valores podem ter aí sua explicação. As séries de Fibonacci são muito usadas na "análise técnica", um estilo bastante popular de investimento. O fundamento científico pode ser o mesmo em que se baseiam os horóscopos, porém, se por qualquer razão diversas pessoas acreditam na "tese", ou em "pontos de resistência" e "triângulos mágicos", vai haver um grupo que atuará nos pregões como se o grafismo fosse uma verdade científica. E aí teremos uma das aparições do notável fenômeno das profecias autorrealizáveis.

É importante lembrar que o mercado é um jogo sobre como você acha que os outros vão se comportar, e embora você possa não concordar com uma tese, deve aceitar que o mercado seja doido o suficiente para acreditar. Lembre-se do que Keynes disse sobre a opinião média e sobre concursos de beleza: ganha quem você acha que mais vai agradar à maioria, não a mais bonita, um truque vastamente utilizado pela Venezuela. Trata-se aqui de não trabalhar com o seu conceito de beleza, mas com o *kitsch*.

Entretanto, a dura realidade dos mercados é bem simples: toda vez que se chegar "ao fundo do poço" (ou "ao pico da montanha") não espere a intervenção mágica de um "ponto de resistência". Sempre tenha claro que a probabilidade de ir mais para baixo, ou mais para cima, sobretudo na ausência de qualquer informação relevante sobre os fundamentos do preço em tela, continua sendo de 50%. Se você jogou uma moeda e acertou o resultado em quinze tentativas seguidas, saiba que a probabilidade de acertar a décima sexta é meio, especialmente se não estiver muito bem-informado sobre o mercado, caso mais comum. Ou seja, quando a coisa está feia, pode perfeitamente ficar ainda pior. Depois da tempestade pode vir a bonança, ou outra tempestade, não há como saber.

11. [Segunda Lei do Fundamentalismo] O mercado pode ficar irracional mais tempo do que você consegue ficar solvente.

Ninguém personifica melhor as estratégias de investimento em geral descritas como "fundamentalistas" do que Warren Buffet, o lendário personagem que ocupa, direta ou indiretamente, nunca menos da metade do mostruário da seção de negócios das livrarias de aeroporto. Conhecido como "O Oráculo de Omaha", pequena cidade do estado americano de Nebraska, onde nasceu e continua morando, esse simpático e espirituoso velhinho de hábitos frugais está entre os homens mais ricos do mundo e também entre os maiores filantropos. A cada ano, por ocasião da apresentação dos resultados de seu conglomerado, milhares de pessoas – investidores, acionistas, curiosos – deslocam-se para Omaha, para o que já foi descrito como uma espécie de Woodstock para capitalistas. A grande atração é a reafirmação da sabedoria de aspecto simplório envolvida nos investimentos de Buffet, seja através dos resultados, consistentemente positivos, seja pela personalidade e o carisma do patrono da festa.

O "fundamentalismo" tem a ver com a determinação do "valor intrínseco" de uma empresa, através de sua geração de caixa e de suas outras vantagens competitivas, e com a capacidade de identificar empresas baratas segundo essa métrica. A ciência aqui pode ser pouca diante da intuição, e são muitos a comparar as pérolas de sabedoria de Buffet aos vaticínios dos biscoitos da sorte dos restaurantes chineses. Seus resultados, todavia, deixam pouca dúvida sobre suas habilidades de fato incomuns.

Buffet é um inimigo declarado dos adeptos de Fibonacci e do grafismo, de que já tratamos (n.10, Primeira Lei do Fundamentalismo). De acordo com o seu relato: "Me dei conta de que a 'análise técnica' não funciona quando virei os gráficos de cabeça para baixo e verifiquei que não me indicavam uma recomendação diferente." Mas Buffet mantém relações cordiais com os crentes no princípio n.4 (Princípio da Igualdade na Ignomínia), segundo o qual ninguém bate sistematicamente a média do mercado, graças à ressalva feita aos excepcionais, categoria que alcançou com todos os méritos. Em linha com diversas ponderações já feitas sobre futuro, sobretudo em conexão com o Axioma de Malan (n.3), Buffet afirma que "se a história pregressa fosse tão importante, as pessoas mais ricas seriam os bibliotecários".

Pois bem, uma vez que admitimos que os preços das coisas no mercado financeiro devem seguir o que a teoria determina sobre os "fundamentos", rapidamente nos defrontamos com os ruídos e nuvens que produzem esse fenômeno conhecido como volatilidade. Nem mesmo o supremo sacerdote da fé fundamentalista ganha dinheiro todo santo dia com suas estratégias de investimento. Com frequência há longos invernos, e há também imprevistos e mudanças de pontos de vista. De todo jeito, nada pode ser mais perturbador para quem acredita na teoria do que ver o mercado adotar um comportamento destoante do que deveria ser o caminho previsto nos manuais e persistir num curso de irracionalidade durante períodos de tempo inacreditavelmente longos. Diz a lenda que se o investidor fundamentalista for bastante paciente, será *sempre* recompensado de forma régia. Ao passo que os fracos de espírito, os sem convicção, vão sempre se apavorar e comportar-se de forma "pró-cíclica", vendendo na baixa e comprando na alta, portanto, perdendo dinheiro de modo recorrente.

Se esse padrão é verdadeiro, tudo se resumiria a uma questão de obediência aos fundamentos e de paciência. Pode ser. Mas o maior problema são as *razões externas ao gestor*, que o levam a desfazer uma posição potencialmente vencedora antes do tempo, e, entre elas, a mais comum é um cliente volúvel, que fica nervoso com sucessivas perdas e se deixa dominar pelo medo, ou regras fixadas em regulamentos de fundos que mandam desfazer posições perdedoras quando atingem certos extremos. Há também o problema da alavancagem, ou do fato de o investidor ter tomado dinheiro emprestado para montar a posição. Nesse caso, o investidor precisa desembolsar dinheiro para pagar os empréstimos (ou as "chamadas de margem", quando compra ações a descoberto, com base numa garantia que ele é convocado a reforçar se o ativo cai de preço). Assim, vai ficando caro sustentar a posição "correta" e o investidor vai sendo dominado por um sentimento de angústia, pois está sendo punido por manter-se racional diante de um mercado que perdeu seus parâmetros.

É horrível a sensação de sentir-se solitário na racionalidade em meio a um oceano de histéricos e autoridades omissas. Mas o fato é que todo investidor tem o seu limite para perdas, e muitos fundos de investimento inscrevem esses limites em seus estatutos. Também pode ocorrer de o investidor, ou o fundo, não possuir mais liquidez para continuar bancando os empréstimos ou as margens. E assim, com lágrimas nos olhos e ódio no coração, sabendo que está fazendo bobagem, o investidor é forçado a vender e realizar um prejuízo que poderia ser apenas teórico, além de inteiramente reversível.

Este não é um mundo perfeito. As coletividades podem enlouquecer momentaneamente, por tempo suficiente para arrasar suas estratégias, por mais inteligentes que sejam, e assim caracterizar, ao menos para o investidor individual, uma catástrofe rara para quem acredita na economia de mercado: a derrota da razão. Por outro lado, pesquisas demonstram que em 98% dos fracassos o investidor alega que se tivesse mais liquidez e mais tempo tudo teria funcionado. Poucos admitem um "erro fundamental", apenas confirmando o truísmo segundo o qual, dependendo do motor, até tijolo voa.

12. [A Maldição do Agente ou do Risco Moral] Todo preposto, representante ou corretor que não colocar o capital dele junto com o seu, vai roubar você.

De forma reduzida e chula, essa maldição define um clássico da moderna teoria econômica da informação conhecido como "problema da agência", de que falamos brevemente páginas atrás (n.6, Lei do Mais Forte), ao tratar de conflitos de interesse. O problema está em toda parte e tem a ver com a lealdade entre um indivíduo e os que trabalham para ele, o dono do capital e os mandatados para administrá-lo, o acionista e os administradores, o empresário e os seus gerentes, ou gerentes e seus subgerentes, a dona de casa e seus auxiliares, e assim por diante.

Toda vez que houver "assimetria de informação" haverá um problema de incentivos: o agente que não souber muito bem qual será sua remunera-

Figura 4. Laurence Fishburne como Otelo (à esquerda) e Kenneth Branagh como Iago no filme *Otelo* (1995), dirigido por Oliver Parker. Conforme o prestigioso comentarista William Hazlitt: "O personagem de Iago pertence a uma classe de indivíduos dotados de uma mescla de intensa atividade intelectual e total ausência de princípios morais, e que ganham evidência à custa de terceiros, tentando confundir as fronteiras práticas entre o bem e o mal, baseando-se em padrões forçados de sofisticação especulativa."

ção pelo esforço a favor do principal, bem como os ganhos deste, tenderá a fazer justiça pelas próprias mãos em prejuízo dos interesses que representa.

Sobre os agentes, vale dar a palavra a Iago, um dos mais odiosos vilões da galeria shakespeariana, o ajudante de ordens de Otelo, a quem traiu de todas as formas possíveis: "Eu só o sirvo para servir-me dele! Nem todos são senhores, nem são todos os senhores seguidos lealmente." A fórmula, segundo ensina, consiste em manter-se entre os "outros", que se disfarçam sob "o aspecto do dever" e "servindo a seus amos na aparência lucram com eles e, enchida a bolsa, saem honrados. Esses, sim, têm alma e proclamo-me um deles".

Será este o paradigma de lealdade dos agentes?

"Agente" e "principal", designações dos participantes desse jogo, são termos da legislação dos Estados Unidos, onde os tribunais julgam regularmente inúmeros casos envolvendo divergências entre um indivíduo, o principal e o agente, a quem delegou uma tarefa. Dois tipos de arranjo fornecem soluções para as disputas entre esses personagens: de um lado, é preciso alinhar interesses do agente e seu patrão, em geral com esquemas de remuneração variável que os torne parceiros em determinado esforço; de outro, é necessário demarcar as responsabilidades em caso de insucesso. Se o agente não é responsabilizado em nenhum grau pelo fracasso, terá amplos incentivos para correr riscos excessivos, pois será sócio do principal na prosperidade, com bônus, mas não terá ônus na adversidade. Essa é a forma de o agente "colocar seu capital" junto com o de seu empregador.

A variedade mais comum de problemas decorrentes do desalinhamento de interesses entre agente e principal é conhecida como "risco moral", uma reconhecida má tradução para *moral hazard*, cuja expressão mais exata seria, talvez, "tentação do imoral". Trata-se, afinal, de comportamento vicioso, porém racional, e os exemplos mais comuns são oferecidos pelos indivíduos que, ao contratarem um seguro, passam a ficar mais desleixados. Mas há coisas piores.

O leitor estará correto se tiver percebido aqui um elemento importante para explicar a crise financeira de 2008: as empresas que compravam, empacotavam e vendiam as chamadas hipotecas *subprime* (ou de qualidade inferior) não corriam, junto com o comprador, o risco que estavam vendendo. Eram como corretores de carros usados por cuja qualidade não se responsabilizavam. O "risco moral" ou as tentações, como as descritas por Iago, não foram mitigados pela estruturação aparentemente sofisticada das operações, nem pelo veredicto das agências de risco. As operações desse tipo se avolumaram, e quando veio uma piora no mercado habitacional, que trouxe consigo um tsunami de inadimplência, os prejuízos ficaram com os compradores de papéis e não com os seus fabricantes. Os agentes apunhalaram impiedosamente seus parceiros, aqueles a quem representavam.

Autoridades e política econômica

Guia prático antropológico

13. [Princípio de Kagemusha 1] A Autoridade desfrutará de tanto mais credibilidade quanto maior o quociente entre o aparato retórico que a cerca e o efetivo movimento de suas políticas.

O princípio acima enunciado tem uma natureza abrangente, pois diz respeito ao modo como os que estão na planície percebem os poderes das Autoridades, tema de muitas das leis deste capítulo. A trama de *Kagemusha*, premiado filme homônimo de Akira Kurosawa de 1980, trata justamente disso.

O velho e respeitado líder guerreiro Shingen sabia que o poder do mito pode ser maior do que as habilidades reais de um general, não importa de quantos exércitos disponha. Ele já tinha chegado a essa categoria antes mesmo de encontrar seu destino, numa noite calma, quando foi discretamente ao campo de batalha ouvir uma misteriosa flauta e foi ferido mortalmente por um francoatirador. Enquanto agonizava, determinou que sua morte fosse mantida em segredo por três anos, ao longo dos quais um sósia fingiria estar desempenhando suas funções, e até com mais pompa do que o habitual.

A ideia esteve presente em inúmeros enredos similares mundo afora: em vez de a perda do líder transformar-se em um duro golpe sobre um exército submetido às pressões da guerra, o reforço simbólico de sua presença, através do uso de diversos aparatos, inclusive de propaganda de façanhas e poderes extraordinários, acabava elevando os brios dos combatentes. Caso o sósia se mantivesse mudo e imóvel, tudo correria bem, pois os generais e os técnicos tocariam os assuntos do dia a dia, incluídos os cuidados com a imagem de líder, talvez até com mais diligência do que em sua presença.

Figura 5. O Kagemusha, a autoridade decorrente do aparato e do mito.

É claro que o Kagemusha (cuja tradução é "sósia ator") representava um grande risco, pois se tentasse algum movimento mais elaborado, por capricho ou distração, expunha-se ao risco de ser desmascarado. Ele conseguiu enganar as concubinas e até o Conselho Militar, pois quando lhe perguntavam sobre estratégia ele repetia o lema do clã, que aludia a seu líder como "uma montanha que não se move". Tal é o poder das platitudes. Depois de muito tempo, quando o Kagemusha se meteu a montar o intrépido cavalo de Shingen, foi ao chão, e os que o ajudaram a levantar repararam que ele não possuía as cicatrizes de batalha que os subordinados de Shingen bem conheciam, e assim foi descoberto.

A dura lição envolvida nessa situação, nada incomum, onde a planície superestima os dotes da Autoridade, é o elogio à imobilidade. A enorme energia concentrada na presença simbólica da Autoridade no alto da colina a torna *inexpugnável, porém apenas enquanto se mantiver imóvel*, ancorada com firmeza no terreno das lendas, amparada por uma variedade de narrativas e de forças imaginárias como as que movem os modelos econométricos.

A Autoridade Monetária não participa do que se passa na planície, mas interage com os que lá estão num jogo de expectativas, imagens e sombras. Sua mágica reside em boa medida na absoluta economia de ações em destacado contraste com a abundância de rituais, procedimentos e cerimônias que a cerca. Esse aparato não se constrói com fantasias e armaduras, mas com uma matéria retórica composta de uma pletora de relatórios de linguagem obscura e adjetivação matematicamente calculada, pronunciamentos regulares pautados por teses escritas em letras gregas e pela sofisticação instrumental de seus subordinados e apoiadores nos debates cotidianos. O aparato desumaniza a Autoridade e torna seu julgamento uma espécie de fatalidade, uma vicissitude matemática, uma força da natureza.

Nesse entorno, a Autoridade em geral sente-se como quem anda sobre as águas, pois parece exercer o poder sem que nenhum gesto ou energia tenha de ser empreendido para tal fim. É muito perigoso esse sentimento. A crença ilusória em poderes especiais acaba levando a Autoridade a correr riscos desnecessários, de modo a revelar ângulos novos e razões até então desconhecidas, por conta das quais o mito vai se reduzindo a uma ideia ou opinião, ou mesmo a uma pessoa, que pode ser muito capaz e honesta, mas que possui as dúvidas e as vulnerabilidades típicas de qualquer ser humano.

É isso o que deve ser evitado a todo custo.

14. [Princípio de Kagemusha 2] A Autoridade jamais deve descer da colina sem a certeza do resultado.

No laborioso exercício da imobilidade, conforme preconizado no dispositivo anterior, a Autoridade logo percebe que a passagem do tempo pode produzir desgaste e que a ausência de atividade pode ser confundida com omissão ou desinteresse. O caminho da virtude exige o cumprimento de promessas, reais ou imaginadas, e ligadas à sua missão. Não há como escapar disso, de modo que a sabedoria consiste em meter-se nesse jogo com o mínimo de riscos.

Se, por um lado, a Autoridade associar-se a promessas excessivamente triviais, de tal sorte que seu cumprimento não traga esforço, ou deixar que suas metas sejam determinadas por terceiros, a percepção do mercado é a de que a Autoridade desceu pela escada dos fundos para o segundo escalão, sugerindo que a liderança deve ser procurada na Autoridade vizinha, ou no andar superior. Portanto, o clássico comportamento certa vez descrito por um sábio ex-diretor do Banco Central como "vigilante expectativa e discreta omissão" resulta para a Autoridade em criar um espaço vazio em torno de si, e as leis da política, como se sabe, não admitem a existência de tal coisa.

Metas demasiadamente ambiciosas, por outro lado, descem a Autoridade às partes mais baixas da planície, onde será preciso demonstrar que suas virtudes simbólicas se convertem em diretrizes operacionais. O cajado que representa a sabedoria terá de ser usado como porrete, em caso de desafio. Será necessário então mostrar coerência, além de uma musculatura desenvolvida, o que deve ocorrer, idealmente, em condições muito bem calculadas para que não haja dúvidas quanto ao resultado.

O aconchego da colina pode produzir as mais estranhas ilusões nas Autoridades, a pior das quais é a sensação da onipotência, algo que ocorre aos poderosos sujeitos ao ócio ou embriagados por aduladores e arrivistas, sobretudo no início de seus mandatos, quando se mostra especialmente elevada a indulgência com que o mercado trata uma nova Autoridade. A boa vontade é sempre muito bem planejada, e a admiração exibida nas cerimônias de posse deve ser vista como puro fingimento. O mercado respeita a Autoridade por princípio, porém, na ausência de fatos novos, cada dia menos. O verdadeiro respeito só existe com a dor, principalmente quando merecida e infligida de forma deliberada pela Autoridade. "É bem mais seguro ser temido do que amado", conforme o clássico ensinamento de Maquiavel. "O amor é mantido por um vínculo de reconhecimento", prossegue, "mas, como os homens são maus, se aproveitam da primeira ocasião para rompê-lo em benefício próprio, ao passo que o temor é mantido pelo medo da punição, o qual não esmorece nunca".

Em resumo, a Autoridade deve escolher com imenso critério o momento em que descerá à região hostil, onde o uso planejado e judicioso de seu saco de maldades produzirá, através do choro e das cicatrizes das vítimas, a matéria de que é feita a sua credibilidade.

15. [Axioma da Inteligência a Posteriori] Quanto mais a Autoridade explica, mais se arrisca. Ao falar, não falar. E quando a Autoridade for forçada a explicar, deve ser sintética, afirmativa e evasiva, como se entrevistada por jornalista japonês usando intérprete.

O silêncio é uma ferramenta de inacreditável potencial.

Carreiras brilhantes foram construídas a partir do silêncio contrito, acompanhado de um ar inteligente, diante de um interlocutor angustiado por uma resposta. Frente a essa premissa, e da louvação já feita à imobilidade, a Autoridade deve ser, idealmente, muda. Simpática e enigmaticamente incapacitada de falar. Os estatutos de alguns órgãos públicos deveriam incluir a obrigatoriedade de impedimento verbal ou bloqueio temporário das cordas vocais. As perguntas da imprensa seriam respondidas apenas através de gestos e expressões faciais, acompanhadas de gráficos e tabelas, permitindo-se as equações e os textos em economês em casos especiais.

Ao falar, em particular quando obrigada, a Autoridade corre riscos. As decisões de política econômica são subjetivas, sempre matéria de julgamento. Nunca é possível explicar por "a" mais "b", ainda que se sustente esse mito em muitos círculos, notadamente entre os economistas-chefes de bancos, grupo no qual se encontram as maiores quantidades de aspirantes ao cargo de Autoridade Monetária. Esses, por deformação profissional, são dados ao que os americanos designam como *monday morning quarterbacking*,* e que

* No futebol americano, geralmente jogado no domingo, o *quarterback* é o principal jogador, o estrategista que escolhe as jogadas de ataque. A expressão *monday morning quarterbacking* se refere a jogadas e estratégias concebidas na segunda-feira pela manhã, quando o jogo já terminou e o resultado é conhecido, bem como as táticas da defesa adversária que o *quarterback* não imaginava no momento em que tomou suas decisões.

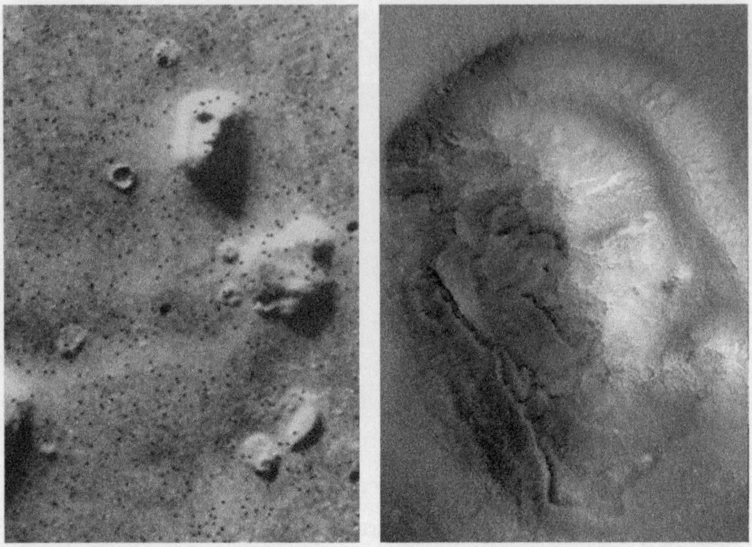

Figuras 6 e 7. A famosa "face" na superfície de Marte, em fotos divulgadas pela Nasa. A primeira, de 1976, foi tirada pela nave *Vicking 1* e a segunda, de 2001, mais aproximada, procurando aferir exatamente do que se trata, não mostra propriamente nenhuma figura discernível.

nossos amigos portenhos chamam de *carreras del domingo con el diario del lunes*.* Ou seja, esses profissionais precisam encontrar uma lógica nos atos da Autoridade, mesmo quando isso não existe. Por vezes, é avassaladora a angústia por um sinal, uma frase ou número vindos de Brasília, ou perceptível no contorno das nuvens ou no formato da superfície de Marte, em cujas fotos muitos veem as feições de um ser humano, uma mensagem para nós e, portanto, indícios de outra civilização (Figuras 6 e 7). É esse sentimento que faz os mercados enxergarem, às vezes, as mais encantadoras explicações para as inflexões da política monetária.

Para facilitar o edificante trabalho de construção de uma boa teoria que explique o funcionamento da mente da Autoridade, é melhor que ela fale pouco. Quanto mais justificativa fornecer para seus movimentos,

* A expressão diz respeito às corridas de cavalo e tem o mesmo significado da expressão em inglês sobre futebol americano: nas corridas de domingo, vistas por quem tem os jornais de segunda-feira, com todos os resultados, fica fácil apostar.

mais simples será encontrar uma inconsistência em seu comportamento. Uma explicação razoável para uma redução modesta nos juros pode dificultar a elaboração de outra, num momento posterior, quando a redução for agressiva. Na ausência de explicações, o próprio mercado se encarregará de unir os pontos e armar uma coerência a posteriori, que, frequentemente, resulta em o mercado formar uma opinião bastante generosa da Autoridade. Mesmo as montanhas do planeta Marte podem permitir interpretações criativas sobre civilizações alienígenas, dependendo da iluminação.

Para tirar proveito da boa vontade de sua clientela, é necessário que as razões para as decisões da Autoridade não sejam observáveis, ou estejam soterradas sob platitudes. Dessa forma, a Autoridade terá sempre o benefício de ver interpretações sobre suas ações que pressupõem uma inteligência muito maior do que a que realmente existe.

16. [Axioma de Greenspan] Quando a Autoridade estiver sob grande pressão para fornecer explicações, deve ocultar-se sob seu aparato retórico. Com moderação e paciência deve recorrer a pequenos enigmas da teoria, a fim de cansar o interlocutor e dar a impressão de apego ao detalhe.

Por mais independente que seja a Autoridade, vivemos numa democracia plena e o distinto público quer saber os motivos das ações de seus comandantes no terreno da economia. Os bancos centrais, em particular, estão permanentemente sob ataque nesse quesito e devem fazer enorme esforço em direção à transparência, embora se saiba que esta apenas alcança o acervo de estatísticas e modelos que são apresentados diante dos senhores jurados, membros da diretoria colegiada, os quais tomam as decisões subjetivas inerentes ao exercício de seus mandatos. É o que o direito administrativo chama de ato discricionário.

Alan Blinder, num pequeno livro[1] muito revelador sobre sua experiência no FED (banco central dos Estados Unidos), disse, a respeito das razões para as decisões de política monetária, que os ilustres membros do Comitê de Política Monetária do FED, apesar do enorme respeito pelas estatísticas oficiais e pelos grandes modelos econométricos, associam importância demais às percepções pessoais subjetivas sobre o andamento da economia que colhem casualmente com seus vizinhos e circunstantes. Impressões e teorias pessoais sempre afetarão em demasia o olhar dos digníssimos diretores e as suas decisões. Não há ninguém para dizer que os membros do júri devem desconsiderar este ou aquele comentário malicioso, como nos filmes americanos de julgamentos. Um diretor do BCB costumava contar que olhava as filas dos restaurantes ou os engarrafamentos no Baixo Leblon para avaliar o que fazer com os juros; muita fila, gente demais na rua para comer fora, é porque o juro está baixo, dizia. Podia ser brincadeira, mas tinha efeito bem concreto no clima da reunião.

Essas razões nunca vão aparecer nas atas do Copom (Comitê de Política Monetária), cuja linguagem é feita de ambiguidades, platitudes e equações escritas na forma de vernáculo. Existem numerosos mestres nessa arte de se dirigir ao mercado. Um deles, pioneiro dessa prática no Brasil, foi Eduardo Nakao, por mais de vinte anos chefe do Departamento de Mercado Aberto do BCB. Ele era o responsável pelas operações diárias com títulos públicos, o famoso *open market* dos tempos da inflação. Todos os dias ele falava ao telefone com as piores raposas do mercado e não podia deixar indicar nada sobre o que faria ou pensava. Um primor. Já no final de sua longa e bem-sucedida carreira, Nakao passou a participar das reuniões do recém-criado Copom, uma novidade que, na prática, vinha para substituí-lo em suas funções. Durante anos, e para todos os efeitos, Nakao *foi* o Copom.

Mas nos primeiros dias heroicos do novo comitê, Nakao parecia ser quem estava mais à vontade com a novidade. Ele trazia relatórios por escrito que eram pérolas em série, pois continham a cor, a temperatura e o devido embaçamento com que as mensagens deveriam ser passadas ao mercado. Seu estilo mesclava o oriental e o impressionista: traços largos, deliberadamente sem detalhe, capturando sua essência, embora sem contornos muito nítidos. Há algo com os idiomas no Oriente, talvez em razão do uso de ideogramas na escrita, que faz o texto nessas culturas ser um exercício um tanto diferente do seu registro nas línguas ocidentais. Na língua chinesa, em especial, há quem entenda que a mediocridade de sua literatura se explica pela dificuldade em se fazer prosa acumulando símbolos de significado amplo, de modo que artes como a poesia, o *haikai* e a caligrafia são hiperdesenvolvidas em detrimento da escrita objetiva. Nakao motivou, em diversas ocasiões, especulações sobre se a redação da ata do Copom não deveria ser feita em ideogramas chineses.

Com a passagem do tempo e a adoção do figurino das metas de inflação, a comunicação entre a Autoridade Monetária e a sociedade passou a utilizar uma vestimenta muito mais apertada. Cerca de 35 palavras, nada mais que isso, trocam de lugar a cada comunicado – com inexplicável destaque para vocábulos como "resiliência", "convergência" e "parcimônia" –, de tal sorte que o universo retórico desses documentos, que constantemente se repetem, adquiriu profundidade literária semelhante à dos jogos de palavras cruzadas. A abundância aparente de texto serve para confundir o adversário, pois, na verdade, apenas reafirma a conveniência do silêncio por parte da Autoridade Monetária.

Foi nesse ambiente regido pela falta de imaginação que o mercado consagrou Alan Greenspan, ex-presidente do FED, um mestre na comunicação com os mercados. Reza a lenda que teria dito certa vez: "Se eu me fiz claro, você não deve ter me entendido" – observação que se tornou clássica e que parecia repetir uma sabedoria antiga: *interpretativo cessat in claris* ("a interpretação cessa com a clareza"). Era, na verdade, exatamente isso o que ele buscava, a interpretação ou a impressão. E para tanto utilizava seu inigualável talento para pequenos enigmas, filigranas estatísticas de importância menor, mas que poderiam, se devidamente trabalhadas, estar indicando alguma coisa talvez muito relevante em que ninguém havia reparado. O "ponto", como se diz, é a menor unidade de conhecimento relevante na Academia, é o conteúdo mínimo para que um aluno levante o dedo e possa bradar "Eu tenho um ponto!", uma espécie de *eureca* dos tempos atuais. E com pontos se fazem retas, círculos e também quadros impressionistas nos quais uma imagem básica emerge de uma infinidade

FIGURAS 8 E 9. *La parade de cirque* (1889), de George Seurat: o estilo Alan Greenspan (à direita) de comunicação.

de pequenos pontos que se misturam na retina do observador. Greenspan era um mestre do impressionismo pontilhista (no terreno das finanças); era impossível não se encantar com suas composições. Invariavelmente cansado, o interlocutor termina convencido não tanto da real importância de cada ponto em tela, mas do extremo cuidado de Greenspan e seus seguidores com julgamentos de ordem subjetiva.

17. [Terceira Lei do Fundamentalismo] A Autoridade fala mesmo através de suas ações.

Esse princípio é análogo a outro basilar no direito, já mencionado (n.5, Axioma de House) quando tratamos do pensamento do mercado e da propensão generalizada à dissimulação: a Autoridade também só deveria

FIGURA 10. *Waterfall* (1961), de M.C. Escher: recorrência na formação de expectativas.

falar nos autos. O processo é a alma do direito, e o falatório externo ao processo ou não tem relevância ou serve para distorcer o seu curso.

Se a Autoridade adotar o princípio exposto e aderir à mudez, o mercado terá como informação apenas as suas ações, as quais, também como observado com detalhe (n.15, Axioma da Inteligência a Posteriori), a propósito da coerência a posteriori, podem, em conjunto, fazer muito mais sentido do que as verdadeiras e nunca reveladas razões para cada movimento. Tenha-se em conta que os participantes do mercado vivem em contínuo esforço não de raciocinar sobre o que faz sentido, mas sobre o que o colega ao lado acha que faz sentido, e especialmente sobre o que a Autoridade acha que o mercado acha que faz sentido. Por isso os participantes do mercado, com sentimento de humildade, referem-se a esse grupo do qual fazem parte *sempre na terceira pessoa*.

Essa terceira pessoa, o grupo, é o resultado da interação entre todos, um jogo autorreferenciado e de solução indeterminada. O sistema é recorrente, ou circular, pois não se sabe onde começa e termina, e pode assumir formatos que não fazem sentido nenhum, como no caso das bolhas financeiras ou das famosas litogravuras de M.C. Escher (1898-1971), o pintor holandês mestre das figuras impossíveis, nas quais, por exemplo, uma cachoeira termina numa calha que segue seu curso e torna a trazer a água à mesma cachoeira (Figura 10).

Em algumas peças musicais de Bach que terminam exatamente como começam a recorrência produz um efeito estético inquietante, talvez a experiência do infinito, um flerte inocente com o moto-perpétuo, mas na economia e na matemática quando suas hipóteses não levam a novas conclusões e sim de volta ao início, há algo errado com seu raciocínio. A vida social está repleta dessas voltas estranhas e de indeterminações, de modo que as versões, impressões e representações sempre podem conduzir a paradoxos e anomalias. Nesse mundo, e quando se trata de política monetária em particular, a única âncora verdadeira é a matéria real, a ação concreta e palpável, escrita e publicada no *Diário Oficial*, e não vamos nos enganar que funcione diferente.

18. [Teorema das Matérias Proibidas] Em nenhuma hipótese a Autoridade deve: (i) pronunciar as palavras "pânico", "crise" ou "congelamento" e respectivos sinônimos; (ii) fazer qualquer espécie de desmentido; (iii) admitir que está estudando qualquer assunto ou medida.

A comunicação entre a Autoridade e o mercado envolve diversas armadilhas, e tudo o que se constrói pode ser colocado a perder com espantosa velocidade em pequenas distrações, em incidentes fora da rotina, nas entradas e saídas dos lugares, no exterior, nas solenidades e mesmo nas audiências públicas e coletivas, diante de perguntas inesperadas. A melhor estratégia, nem sempre disponível, é não falar coisa alguma, refugiando-se em sorrisos enigmáticos e condescendentes, com gestos e feições amistosos.

Lembrar que a recusa em prestar declarações frequentemente é capturada em imagens que estarão nos jornais no dia seguinte a ilustrar o silêncio, e que a foto será 90% da mensagem. É importante deixar-se fotografar de forma planejada, cooperando com o fotógrafo, a fim de evitar que o editor recorra à utilização das fotos de arquivo, e assim possa escolher, normalmente entre as piores, a que melhor expressa a sua contrariedade com o silêncio da Autoridade.

Quando o silêncio não é possível, alguns princípios basilares precisam ser observados. O primeiro tem a ver com palavras que a Autoridade nunca deve pronunciar. As pessoas podem estar passando na frente da TV quando a palavra "pânico" estiver sendo proferida, ou "crise", ainda que seja de tosse. E, se não estiverem prestando a devida atenção, vão repetir que o ministro falou em crise. O mesmo vale para congelamento, expurgo, demissão, escândalo, e tantos outros vocábulos pesados, além de gírias e coloquialismos facilmente manipuláveis nas mais terríveis direções. A teoria aqui é freudiana: se a Autoridade falou em qualquer um desses temas, é porque seu inconsciente aflorou.

Outra armadilha comum é o desmentido, pois serve para colocar a Autoridade diante da situação de ter de responder a perguntas sobre assunto do qual não quer falar. *Todo desmentido eleva a probabilidade de ocorrência da coisa desmentida.* Em caso de absoluta necessidade, a Autoridade deve mandar a assessoria desmentir, ou escrever uma nota para ser lida pelo porta-voz em tom banal. É imperioso jamais fazê-lo pessoalmente e, diante de uma pergunta direta, ignorar ou gesticular simpaticamente.

Diante dessa liturgia, bem conhecida dos profissionais de imprensa, a armadilha seguinte tem a ver com a pergunta aparentemente inocente sobre se a Autoridade está estudando determinado assunto ou medida. Uma Autoridade distraída pode pensar que não há mal em analisar o que quer que seja e que isso não significa coisa alguma no terreno das intenções. Mas um simples meneio de cabeça pode gerar uma manchete horrível: "Ministro estuda mexer ...", e assim fica criado o tumulto. As matérias vão trazer repercussões de mercado, bem como a opinião dos especialistas, e o assunto vai adquirir vida própria, apoiadores vão se manifestar, assim como os opositores, e a Autoridade se verá diante da obrigatoriedade de um desmentido, ou seja, de volta à armadilha anterior. Decorre desta, portanto, que, *ao admitir que estuda uma ação qualquer, a Autoridade fortalece a convicção de que ela será adotada como política de governo.*

19. [Quarta Lei do Fundamentalismo] Toda medida envergonhada ou incompleta, ou cujo sentido e intensidade dependam de regulamentação posterior, está fadada ao fracasso.

Em 2004, o Prêmio Nobel de Economia foi concedido aos professores Finn Kydland e Edward Prescott, por suas contribuições no campo da "consistência temporal da política econômica e das forças determinantes dos ciclos econômicos". A ideia dos professores Kydland e Prescott é que, numa interação contínua entre a Autoridade e o mercado, a melhor situação para a sociedade é aquela em que a estratégia da Autoridade *não depende dos movimentos do adversário*, o qual, por sua vez, vai cobrar das políticas de governo essa propriedade básica, que os professores designaram como "consistência temporal".

Com isso se quer dizer que a Autoridade fará apenas movimentos lógicos, e por lógico entenda-se a iniciativa impermeável a provocações e tentações. Ou seja, espera-se que o vigésimo movimento da Autoridade reflita a regra que ela mesma estabeleceu quando o jogo começou, pois, do contrário, ficará claro que a Autoridade não tem uma estratégia e que muda seu rumo conforme a reação do mercado e com o intuito de levar vantagem. Se o mercado entende que a Autoridade vive um dia de cada vez, vai ocorrer o mesmo que num jogo de futebol quando os jogadores deixam de respeitar o árbitro.

Bem, essa é talvez uma introdução muito erudita para práticas mais tacanhas. O leitor se surpreenderia com o número de vezes em que, nos anos recentes, as Autoridades econômicas anunciaram medidas sem divulgar a regulamentação que lhes dá vida e o sentido exato. São inúmeros os casos em que se passam várias semanas antes da publicação dos decretos, das portarias e normas que definem a verdadeira extensão da medida. Com incrível frequência, apenas após o anúncio a Autoridade inicia um diálogo com entidades do setor privado necessárias para o funcionamento das novas regras, pois, infelizmente, tem menos familiaridade com as implicações do assunto do que a iniciativa faria supor. A Autoridade disfarça o improviso, fazendo parecer que essa consulta é democrática e magnânima, mas, na verdade, é para a Autoridade aprender como funciona o que acabou de alterar. E não é incomum que recue, contrariada, pela porta dos fundos, surpresa e de fininho, ao perceber que pretendia algo inviável, ou de efeitos colaterais muito negativos quando visto do ângulo operacional. A saia justa raramente fica evidente nas manchetes, porém, o desgaste com o mercado, sobretudo com os técnicos e entidades com que dialogou, é grande.

Mudanças na política econômica, a fim de alterar as expectativas das pessoas e produzir os efeitos desejados, têm que contar a história inteira, da sua introdução até a mais remota consequência, com todos os passos e contingências. Dessa maneira, a Autoridade mostra compromisso e convicção, situação sempre apreciada e em que os participantes do mercado se ajustam a uma nova e duradoura realidade. A reação diante de medidas pela metade, ou de balões de ensaio, é sempre ruim, pois o mercado não gosta de hesitação e de improvisação, que entende, na melhor das hipóteses, como sintomas de "inconsistência temporal".

20. [Princípio de Forrest Gump] A Autoridade deve fazer programas de apoio a tudo o que estiver dando certo e ignorar ou ocultar o que estiver dando errado, a fim de fazer parecer com que todos os progressos da economia, inclusive os espontâneos, sejam resultados de suas políticas.

O noticiário econômico está se tornando cada vez mais difícil. Os acontecimentos se avolumam em regiões distantes, a partir de fenômenos financeiros complexos que podem nos atingir, e assim a Autoridade fica obrigada a exercer papel pedagógico e tranquilizador, pois alguém precisa entender o que se passa. Infelizmente, todavia, como na observação precisa de Thomas Friedman sobre a globalização, não há ninguém no comando, nenhuma orientação discernível. Nessa difícil circunstância a Autoridade precisa adotar versões simplificadas das coisas e usar a seu favor uma sabedoria que remonta ao dicionarista britânico Samuel Johnson: os assuntos de Estado se reduzem à gramática se os soberanos têm essa especialidade. Os carpinteiros e os agricultores vão sempre encontrar analogias em suas respectivas áreas de especialização, e há os que vão falar de futebol ao deliberar sobre diplomacia.

É nesse registro que sobressai a figura imortal de Forrest Gump, o personagem central do filme homônimo premiado com o Oscar em 1995 – interpretado por Tom Hanks –, um partícipe, amiúde o protagonista oculto, de quase todos os eventos importantes de seu tempo. O filme demonstra brilhantemente a tese de que o protagonismo (a palavra da moda, de uns tempos para cá!) pode estar associado simplesmente a pequenos acidentes e versões imprecisas, ou meio falsificadas, sobre as origens das grandes ideias.

Aplicada aos negócios de Estado, a sabedoria de Gump consiste em empreender políticas inócuas, ou de utilidade vastamente exagerada, porém sempre na direção do vento, de modo a que o movimento causado pelos tufões que a natureza nos envia pareça originado do sopro bem urdido de um político clarividente. Causalidade e autoria são como penas ao vento das percepções, como bem ilustra o filme. Em razão dessa postura, conforme observado em uma pesquisa recente, muitos brasileiros acreditam que a conquista da estabilidade se deve ao ex-presidente Lula, o que é parte de uma narrativa popular segundo a qual a história do Brasil teve início apenas em 2003.

Embora não sendo criatura sua, o fato é que Lula aderiu à estabilidade como estrangeiro naturalizado, de sotaque meio carregado, mas simpático e bonachão, dizendo-se "mais brasileiro" do que nós, pois se tornou brasileiro "por escolha". Não há nada a criticar na naturalização, pois o Brasil, assim como o bom-senso, é nação hospitaleira, e a estabilidade é para ser de todos, um "Bem Público", como definem os economistas: ninguém

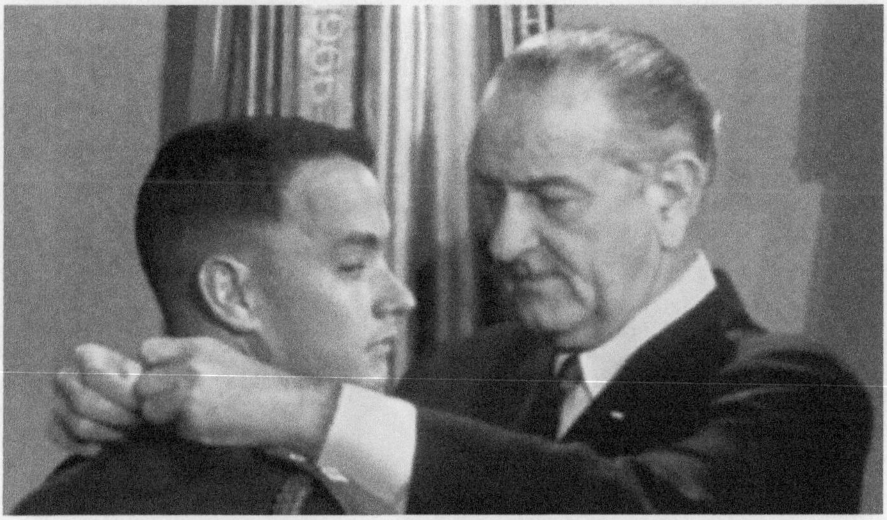

FIGURA 11. Forrest Gump (Tom Hanks) condecorado pelo presidente Lindon B. Johnson por conta de atos de heroísmo na Guerra do Vietnã.

pode ser excluído do seu legítimo desfrute, inclusive os que, no passado não tão longínquo, militaram contra ela.

Os naturalizados, como Lula, são possessivos e por isso evocam uma imagem muito utilizada por Machado de Assis para descrever homens dados a exageros inofensivos de suas posses e realizações. Diz-se que havia um cidadão ateniense que não tinha um tostão furado, mas estava convencido de que todos os navios que entravam no Pireu lhe pertenciam. Esse "opulento de barcos e ilusões", de acordo com Machado, "não precisou mais para ser feliz. Ia ao porto, mirava os navios e não podia conter o júbilo que traz uma riqueza tão extraordinária".

21. [Lei de Piva] Qualquer que seja a taxa de juros, qualquer que tenha sido a decisão do Copom, os juros estão sempre excessivos, a queda sempre poderia ter sido muito maior e a elevação, desnecessária.

Horácio Lafer Piva, presidente da Fiesp (Federação das Indústrias do Estado de São Paulo), notabilizou-se, entre outras realizações, por an-

Figura 12. A sede da Fiesp, na avenida Paulista: "A negra torre de mármore construída com dinheiro dos impostos que incidem sobre o emprego, aquele monumento vivo ao Custo Brasil", conforme descrição de um ex-presidente do BCB.

tagonizar o Banco Central ruidosamente, pela imprensa, em 80% das ocorrências tendo como foco a taxa de câmbio e, em 90% dos casos, a taxa de juros.

No início de sua administração, em 1998, com a "âncora cambial" já próxima do fim, o problema parecia ser muito mais com as taxas de juros elevadas, supostamente necessárias para sustentar o câmbio, do que com a taxa de câmbio em si, diferentemente do que ocorria no passado (ver Lei de Sauer-Setubal, n.64). Questão de ênfase, quem sabe, o câmbio também era, evidentemente, um tema delicado para muitos diretores da Fiesp, e seguramente de uma de suas dissidências mais radicais, uma espécie de Hammas nacionalista, o Iedi (Instituto de Estudos do Desenvolvimento

Industrial). Mas, uma vez adotada a flutuação cambial em janeiro de 1999, as atenções se voltaram integralmente para os juros, onde, no fundo, sempre estiveram.

A mudança cambial talvez tenha permitido à Fiesp e ao Iedi uma falsa sensação de onipotência, ou de que "comandaram" a desvalorização, e que fariam o mesmo com a política monetária. Não foi o que se observou durante o segundo mandato do presidente Fernando Henrique, tampouco durante o governo Lula. A adoção do sistema de "metas para a inflação" introduziu, na fixação dos juros, um automatismo que resultou frustrante para quem imaginava o crescimento da influência do "setor produtivo" sobre a política monetária, como no tempo em que o CMN* (Conselho Monetário Nacional) tinha, entre seus membros, diversos representantes do setor privado e muitos conflitos de interesse.

O fato é que o comentário da Fiesp, bem como os das centrais sindicais, que se segue ao anúncio da decisão de cada reunião do Copom parece sempre igual, e invariavelmente muito crítico do conservadorismo do BCB, além de dar a impressão de dirigir-se apenas às respectivas militâncias. Na verdade, o comunicado é o mesmo, apenas editado por estagiários e divulgado de forma tão mecânica que já ocorreu de os economistas da casa, responsáveis técnicos pelo texto, pedirem desculpas pela falta de imaginação e pelos erros derivados do uso abusivo das funções "cortar" e "colar" em seus processadores de texto.

22. [Teorema do Recado Palaciano] A todo aumento de juro corresponderá uma notícia de jornal sobre o descontentamento presidencial e eventual demissão dos responsáveis.

A origem, bem como a exatidão e a veracidade, dos relatos sobre o que se passa no Palácio nunca pode ser atestada com clareza. O Palácio fala através de muitas bocas e também com o auxílio de gestos, omissões e, quem sabe,

* Pronuncia-se "Cemenê".

um tanto de telepatia. Como disse Machado de Assis: "O boato é a telegrafia da mentira. Algumas vezes esta acerta e aquela mente, mas é por exceção."

Mesmo assim, é sempre complexa a interpretação das mensagens que emanam do Palácio, conforme será visto adiante (n.42, Primeira Lei da Capital), a propósito do comportamento dos jabutis em Brasília, sobretudo no dia seguinte a movimentos relevantes na política monetária. Invariavelmente, quer por cortesia majestática, quer pela preservação das aparências, o Palácio desmente rumores de demissão e ainda as narrativas sobre o desagrado do presidente. A imprensa brinca que a Autoridade ameaçada está "prestigiada", adjetivo normalmente dedicado, na seção esportiva, ao treinador de futebol na antessala do olho da rua.

É claro que pode ser genuíno o desagrado do presidente, que também finge a dor que deveras sente e, portanto, pode haver fundamento na teoria de que o rumor foi um recado para o BCB afrouxar a política monetária. Mas pode não ser nada disso. A Autoridade Monetária está fazendo o "trabalho sujo" que o presidente sabe ser necessário, e Sua Excelência quer se manter afastada dos órgãos de governo envolvidos em executar as "maldades" imprescindíveis ao bom desempenho de seu governo. Por isso, deixa escapar um falso desagrado, a fim de agradar aos verdadeiramente desagradados. E assim é se lhe parece.

23. [Teorema da História Lenta] A criação ou mudança de instituições destinadas a proteger o interesse geral em detrimento de interesses particulares, sobretudo as referentes à saúde da moeda, serão sempre procrastinadas até que sejam inevitáveis.

Parágrafo único [Corolário de Churchill]. O Brasil encontrará o caminho virtuoso, mas não sem antes experimentar todos os outros.

O gradualismo é intrínseco à nossa alma conservadora, cordial e patrimonialista, e no campo das instituições monetárias a lentidão tem sido nada menos do que espetacular. O aperfeiçoamento das instituições destinadas a proteger o cidadão contra os abusos do Estado através da moeda foi dos mais longos, tortuosos e importantes capítulos do processo de combate à inflação no Brasil. Ao se referir à proverbial aversão brasileira às mudanças, em uma narrativa sobre as raízes históricas do problema da estrutura agrária brasileira, o sociólogo José de Souza Martins cunhou uma expressão muito própria: "história lenta."

O Brasil é, talvez, o mais extraordinário dos retardatários quando se trata de banco central. Enquanto boa parte da América Latina já havia criado os seus nos anos 1920 e 1930, e na Europa o processo estava terminado já no século XVIII, o Brasil, a contragosto, apenas em 1944, em decorrência dos acordos de que foi parte em Bretton Woods (quando foi criado o FMI e o Banco Mundial), concordou em criar a Sumoc, uma superintendência dentro do Banco do Brasil destinada a "preparar" a criação de um Banco Central, prevista para uma data incerta adiante. Vinte anos se passaram e a sensação foi a de que o Banco do Brasil não estava propriamente preparando, mas sabotando a criação de uma instituição que ia lhe subtrair poder. Tampouco nossos parlamentares chegaram a um consenso sobre o assunto, especialmente diante do desejo de se utilizar a "faculdade emissora" do Banco Central em prol do desenvolvimento.

Em 1965, quando o regime militar interrompeu esses debates parlamentares, e a própria democracia, e criou o BCB ao promulgar a Lei n.4.595, o Banco do Brasil não se deixou atropelar e permaneceu no controle, ou desfrutando da nova instituição por meio da chamada "conta movimento", um expediente através do qual o Banco do Brasil podia debitar contra o BCB qualquer despesa que julgasse que tinha conteúdo de política pública. Nesses anos também se consolidou a chamada "doutrina Costa e Silva", pela qual é o Palácio que manda na política monetária, conforme atestado pela célebre bravata do general presidente, que, a propósito das funções do BCB e da sugestão de Roberto Campos para que confirmasse no cargo o seu primeiro presidente, Dênio Nogueira, teria dito: "O guardião da moeda sou eu."[3]

Apenas em 1986 foi extinta a conta movimento e, em 1997, a três anos de distância do século XXI, os bancos estaduais e federais passaram a ser tratados como bancos iguais aos outros. Passados dezoito anos do Plano Real, e doze anos dentro do novo século, ainda não se pode dizer que o nosso

FIGURA 13. Presidente Artur da Costa e Silva: "O guardião da moeda sou eu."

Banco Central seja independente. O país parece temeroso ou inseguro ao falar no assunto, como se a ideia não estivesse madura e ainda tivéssemos de experimentar alternativas e qualificações, como a "autonomia operacional" – tudo com o intuito de disfarçar e enfeitar a obrigatoriedade de obedecer à doutrina Costa e Silva. Ao afirmar, em maio de 2012, que "a ideia de que o BC é independente já acabou", o ex-czar Delfim Netto mais uma vez, e não por acaso, assumiu o posto de porta-voz de um passado que teima em não ficar para trás. Não existe nenhum outro país em que definições tão básicas da organização do sistema monetário tenham demorado tanto tempo.

O parágrafo único, inspirado na observação clássica de Winston Churchill sobre os americanos, tem sua validade certificada não apenas pelo histórico exposto, mas pela sucessão de pacotes econômicos de combate à hiperinflação que precisaram esgotar o dicionário heterodoxo para que, ao final, fizéssemos um programa de estabilização baseado em princípios elementares de responsabilidade da gestão da moeda e do fisco. E para tal tivemos de empreender uma fórmula bastante engenhosa e criativa, a URV (Unidade Real de Valor), como reforma monetária. Com a URV veio o ataque aos "fundamentos", que todos os outros planos econômicos procuraram ardilosamente evitar, servindo-se da teoria segundo a qual a inflação não tinha causa, era um fenômeno inercial que poderia se resolver com um tratamento centrado na indução a uma espécie de amnésia: sem memória, o paciente não se lembraria de que estava doente. Antes do Plano Real, todavia, um especialista como Mario Henrique Simonsen, desencantado com a insistência dos planos heterodoxos nos mesmos erros, chegou a confrontar abertamente o Corolário de Churchill formulando um "Princípio de Contraindução de Bacon", de acordo com o qual "uma experiência que dá errado várias vezes deve ser repetida até que dê certo".[2] Felizmente, essa proposição acabou desmentida pelo advento do Plano Real.

24. [Teorema do Esquimó] O número de palavras incompreensíveis em "economês", de índices de inflação e de pessoas envolvidas com o assunto é proporcional ao quadrado do índice de inflação.

De acordo com o velho clichê, os esquimós dispõem de mais de uma centena de palavras diferentes para se referir à neve, da mesma forma que as tribos do deserto devem ter inúmeras designações para sutilezas de seu entorno que sequer imaginamos. O idioma se especializa em definir pequenas coisas que apenas merecem atenção quando parte relevante de uma realidade avassaladora. A Renascença precisou que Shakespeare inventasse algo como 2 mil palavras inteiramente novas para que o teatro pudesse descrever o mundo remodelado que surgia. O primado das urgências econômicas, sobretudo nos anos anteriores ao Plano Real, colocou os economistas numa curiosa posição de quem cunhava, obviamente em excesso, não apenas moedas, mas também palavras novas e recicladas, todas feias e incompreensíveis, para descrever o sofrido cotidiano da hiperinflação.

Eis um pequeno abecedário de fenômenos desagradáveis concebidos ou recriados em versão piorada nesses anos: ágio, alavancagem, arbitragem, boleto, confisco, congelamento, dolarização, desabastecimento, derivativo, expurgo, especulação, falência, gatilho, heterodoxia, inércia, indexação, insolvência, inadimplência, iliquidez, liquidação, manipulação, novação, oligopólio, pacote, periodicidade, penhora, remarcação, redesconto, securitização, tunga e vetor.

Eis outro breviário de palavras comuns que a hiperinflação ou os andamentos da economia lograram perverter e transformar em acontecimentos da economia: atualização (monetária), balcão (mercado de), base (monetária), cabo (dólar), casada (venda), choque (heterodoxo), correção (monetária), colchão (de liquidez), demonstração (financeira), emissão (de títulos), face (valor de), ilusão (monetária), lavagem (de dinheiro), letra (do Tesouro), média (conversão pela), margem (depósito de), opção (tóxica), paralelo (dólar), pacote (econômico), paraíso (fiscal), poder (liberatório), prêmio (de risco), resíduo (de contrato), repúdio (de dívida), soberano (risco), serviço (da dívida), saneamento (do meio circulante), viés (de alta nos juros) e união (aduaneira).

O distinto público e a imprensa sentiram-se agredidos por tudo isso, fenômenos tão incompreensíveis quanto a linguagem usada para descrevê-los; mas essa realidade superlativa espontaneamente passou a dominar o noticiário, tal como crime continuado, inesgotável em seus detalhes. As páginas econômicas adquiriram o aspecto de seções policiais, cheias de negociatas, rombos e buracos, pingando não propriamente sangue, mas zeros, zeros aos milhares, e não por outra razão confundir milhão com bilhão é, de longe, o mais comum de todos os erros de reportagens e edição no jornalismo econômico.[4] O exagero se tornou a tônica de qualquer movimento na economia. Nada era capaz de apenas subir, mas sempre disparar, explodir ou estourar (especialmente quando havia limites a romper), como parte de uma enxurrada ou farra; ou despencava, desabava. E "quando a matéria tinha muito economês", conforme o relato de Denise Neumann, do *Valor Econômico*, "era porque o jornalista não entendeu".

O léxico da hiperinflação, a sua antropologia e, especialmente, as formas de medir e sentir o fenômeno, com todas as suas variantes, tonalidades e especificidades, foram se tornando cada vez mais elaborados. Os índices se multiplicaram tal como em um hemograma de paciente com complicações sanguíneas que passava a conter uma quantidade crescente de medições e testes. As duas principais instituições produtoras de índices de cobertura nacional são o IBGE (Instituto Brasileiro de Geografia e Estatística) e a FGV, e existem inúmeros institutos regionais, como a Fipe-USP (Fundação Instituto de Pesquisas Econômicas – Universidade de São Paulo). Todos disponibilizam uma variedade imensa de índices, conforme o período de coleta, a cesta referencial de bens e a abrangência regional e setorial. Em seu apogeu, a medição da inflação se transformou em uma indústria imensa, com especialistas, autoridades, consultores e oráculos. Havia anúncios praticamente todos os dias. Os jornais dedicavam enormes espaços a cada nova leitura, pois hiperinflação é manchete, doença rara, um fato histórico.

Nos últimos tempos da era da hiperinflação dezenas de instituições financeiras mantinham departamentos inteiros de coletadores de preços, organizados por ex-funcionários dos institutos especializados com vistas a produzir índices diários e antecipar-se ao que seria publicado em seguida.

Com a estabilização, todos esses empregos foram perdidos, a especialidade caiu em desuso, bem como as palavras feias que eles inventaram; e os especialistas foram esquecidos ou reciclados. O aquecimento global derreteu a neve e os esquimós tiveram de aprender sobre o calor, sobre praias e samambaias. Novos especialistas em clima tropical apareceram, um novo ciclo teve início e novos dicionários estão em elaboração.

25. [A Maldição dos Índices] Toda vez que, com má intenção, uma Autoridade escolher um índice de inflação como meta, ou como índice oficial, este será o que mais vai subir.

A maldição teve sua época de ouro durante a hiperinflação, quando vitimou inúmeras Autoridades que se aventuraram a fazer previsões sobre a inflação, sempre acreditando na ilusão de poder escolher, entre os diversos índices, aquele que se comportaria melhor durante certo período. As pobres Autoridades daqueles tempos áridos de boas notícias facilmente se entregavam aos presságios. Eram numerosos índices, com enorme variância entre eles, e a comunidade dos entendidos no assunto tinha grande influência junto às Autoridades e à imprensa, pois, afinal, precisava ser consultada todos os dias.

No entanto, a inflação era tanta e tão complicada que parecia fazer pouco dos nossos especialistas. No fim, já não importavam as nuances: as diferenças nas leituras eram tão extraordinárias quanto inexplicáveis, mas o importante é que eram todas absurdas. Que diferença faz chamar a atenção para uma medição da inflação que mostrava 37% em trinta dias, enquanto outra indicava 45%?

Com o Plano Real, foi como se um encanto tivesse sido quebrado.

Primeiro, pela definição de uma nova moeda de conta, a URV, cuja variação diária era determinada por uma média de três índices de preço diferentes. Os especialistas em índices não enxergavam nenhum sentido numa média como essa, sinal, talvez, de que tivessem perdido a noção do fenômeno que estavam medindo. Segundo, por um supremo desafio: a definição de um novo índice para funcionar como oficial, o IPC-r (Índice Nacional de Preços ao Consumidor do Real), calculado pelo IBGE, embora com a missão de vigorar apenas durante o primeiro ano de vida da nova moeda.

O terceiro desafio aberto à maldição veio em 1999, com a introdução do regime de "metas para a inflação", outra provocação aberta à Maldição dos Índices, já que o governo elegia um determinado índice para servir como meta, o IPCA (Índice Nacional de Preços ao Consumidor Amplo), uma ousadia que jamais havia sido experimentada.

Como nos contos de fadas, onde os corações puros são imunes aos feitiços e tentações, nem a URV, nem o IPC-r, e menos ainda o IPCA, mostraram leituras piores do que os outros índices. Era como se a maldição tivesse perdido validade, porque as Autoridades estavam comprometidas, a partir daí, a trabalhar séria e honestamente e com as melhores intenções. Isso era novidade.

26. [Lei de Leonel Brizola ou do Boi Voador] **O pessimismo não tem custo, é muito bem remunerado e não prescreve.**

A lógica do princípio é tão simples e intuitiva quanto a que presidiu o surgimento da indústria do seguro (n.8, A Maldição dos Seguros), porém, aplicada às reputações e ao capital intelectual e político. Trata-se de se precaver contra a ocorrência de determinado evento que, geralmente, não é um "sinistro", mas o *sucesso* de alguma iniciativa do governo. A operação parte de uma profecia segundo a qual *a coisa vai dar errado* – simples assim. Caso dê errado mesmo, o profeta do fracasso será considerado gênio, com tudo o que isso acarreta no terreno das reputações e nas remunerações por consultoria. Se, todavia, o desastre profetizado não ocorrer, terá sido porque as advertências do profeta foram ouvidas e, em consequência, seguidas as condutas necessárias para evitar a tragédia. O bom profeta, como o astrólogo de talento, jamais erra, pois sempre se dependura em suas ressalvas.

Uma designação maliciosa do mercado financeiro para essa postura é "*hedge* intelectual". *Hedge* é a palavra em inglês para uma operação com derivativos financeiros com o intuito de proteger o principal, quando há um pagamento (ou recebimento) futuro sujeito a variações de mercado. É fácil ver que no mercado de previsões e opiniões, bem como na política, estamos tratando de uma prática muito comum.

Leonel Brizola, um clássico nesse domínio e patrono desse princípio, fez "*hedge* intelectual" sem saber que essa variante de esperteza política tinha esse nome quando profetizou, em 1986, nos primeiros dias do Plano Cruzado, e em meio ao deslumbramento generalizado com o sucesso inicial do congelamento, que o plano ia fracassar em razão de algo que ele enigmaticamente designou como "perdas internacionais". Roberto Campos conjecturou que ele talvez estivesse se referindo ao extravio de sua bagagem no aeroporto de Miami,[5] mas Brizola jamais explicou o significado do termo.

Caso a profecia fosse desmentida pelos fatos, Brizola poderia alegar que, por terem sido seguidos os seus sábios conselhos, as "perdas internacionais", o que quer que fossem, terminaram mitigadas. E se o plano não funcionasse ele se tornaria um visionário, um profeta mal compreendido a quem o tempo se encarregaria de dar razão. Com efeito, quando o Cruzado naufragou, foram muitos a celebrar o visionário Brizola, por ter visto alguma coisa que ninguém havia percebido, e as "perdas internacionais" se tornaram uma marca de inteligência política. Podia ser "o boi voador", em vez das referidas perdas, e, por conseguinte, o plano iria dar errado em função do descuido com o "boi voador", que sumiu dos pastos e fez a carne desaparecer dos supermercados. Conforme sugere o verso de Chico Buarque de Hollanda, "manda prender este boi, seja este boi o que for". O poeta nunca explicou a quem se referia com o "boi voador", daí a suspeita de associação criminosa com as "perdas internacionais".

Diante da dúvida sobre o futuro, em síntese, o pessimismo é sempre a conduta recomendável, pois, mesmo que não resulte justificado, servirá para evitar os perigos decorrentes do otimismo frustrado, considerado uma manifestação de ingenuidade ou desinformação. É melhor errar sob o disfarce do excesso de cautela, por isso as agências de classificação de risco soberano olham as coisas invariavelmente pelo pior ângulo possível. A menção às agências serve também para lembrar que a propensão ao "*hedge* intelectual" aumenta de forma exponencial com a proximidade de um desastre. Esta a razão pela qual as agências desandam a rebaixar os países quando eles já estão com meio corpo dentro da crise, de modo que o rebaixamento precipite o problema e lhes dê razão quase de imediato.

No campo da consultoria são diversos os profissionais que se notabilizaram pelo pessimismo incondicional, quase obsessivo e sempre utilitário. A abundância de analistas *sell side** produz uma demanda não exatamente por sinceridade – sentimento não observável sobre o qual prevalece imensa desconfiança –, e sim por pessimismo, genuíno ou fabricado, pouco importa. Como os jornalistas, os investidores não querem deliberar sobre

* Conforme estabelecido anteriormente (n.6, Lei do Mais Forte), trata-se de analista sujeito a conflito de interesse e comprometido com a vendagem de produto, portanto, de viés otimista.

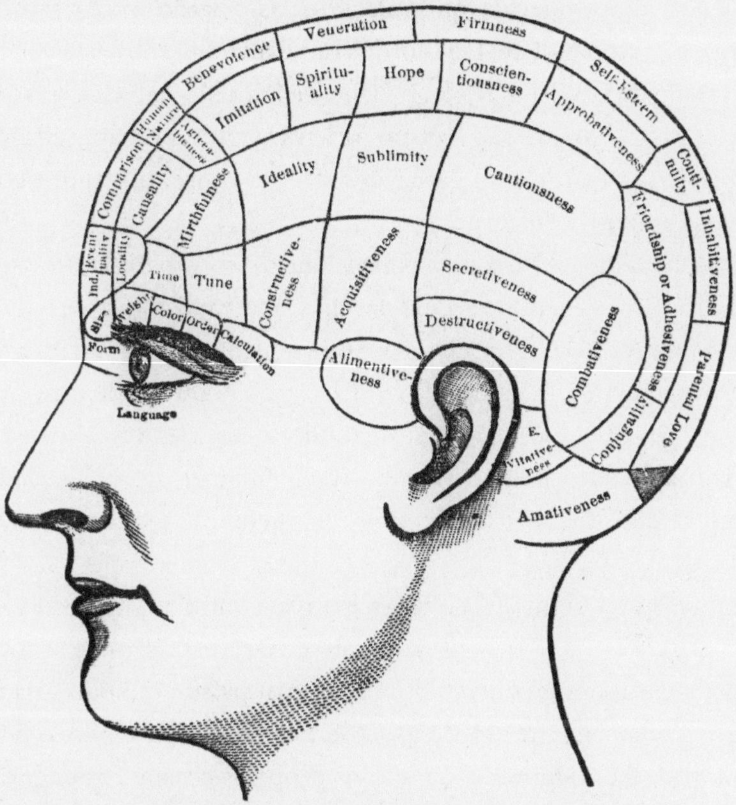

Figura 14. Segundo o frenólogo vienense Franz-Joseph Gall, existiriam inúmeros órgãos na superfície do cérebro onde estariam localizadas faculdades mentais específicas.

quem mente ou está conflitado, mas simplesmente ouvir os dois lados. Essa é a explicação, paradoxal apenas na aparência, para uma espécie de maldição que se abate sobre investidores e economistas estrangeiros em viagens de estudo: depois de algumas missões, o pesquisador se torna um brasilianista e se vê, por um lado, seduzido pelos encantos locais; por outro, enxerga a oportunidade de atender à avassaladora curiosidade sobre as duríssimas verdades, inteiras ou meias, associadas aos piores cenários.

Esse personagem assim dividido, o especialista estrangeiro, mereceu uma extraordinária alegoria de Mário Vargas Llosa, no seu *A guerra do fim do mundo*, em Galileu Gall, um anarquista escocês especialista em frenologia, ciência hoje esquecida, que cuidava da associação entre a anatomia do crânio e a personalidade. De acordo com Gall, cujo sobrenome é tomado emprestado do famoso frenólogo vienense Franz-Joseph Gall (1758-1828), se o intelecto e os instintos, e mesmo os sentimentos, podiam ser medidos e tocados no córtex cerebral, seria verdade, por conseguinte, que o espírito era uma dimensão do corpo.

Esse curioso precursor da neurociência desembarcou no interior da Bahia na última década do século passado, obcecado com a ideia de apalpar o crânio de Antônio Conselheiro. Seria a primeira vez que um observador especializado iria estudar a conformação craniana de uma autêntica liderança revolucionária, a qual, segundo se noticiava na Europa, estava conduzindo o *lumpen* do interior baiano à ditadura do proletariado antes mesmo de constituída a classe operária, mediante o estabelecimento da manufatura.

Vargas Llosa bem sabe como este nosso continente tem sido assolado por cientistas estrangeiros versados em técnicas exóticas que se tornam os especialistas a serem consultados em outros países, quando se quer uma opinião "independente" sobre o que seria o pior cenário para o Brasil. Ele jamais poderia imaginar o quanto os próprios brasileiros pagariam por uma palestra do professor Nouriel Roubini, o conhecido "Senhor Catástrofe" (*Mister Doom*), cuja imensa popularidade decorre do pressuposto de que ele previu os horrores financeiros de 2008. Com essa presciência e imaginação, pode-se imaginar o teor e o tamanho dos cenários de catástrofe que ele poderá construir a partir da farta matéria-prima de que dispomos. Sua clientela é ampla e bem-atendida, e em nada abalada pela sábia observação de Paul Samuelson, Nobel de Economia em 1970, um gênio, para quem "o mercado de ações previu nove das últimas cinco recessões"; fenômeno recorrente, e por boa razão.

Por derradeiro, resta uma observação importantíssima: as vantagens derivadas de profecia pessimista acertada, ainda que pelas razões erradas, não estão sujeitas a prazo prescricional. Delfim Netto, por exemplo, deu quatro meses de vida para o Plano Real, segundo se conta, em razão da política cambial, que não era do seu agrado. Também o ministro Guido

Mantega, conforme atestado por um texto escrito pouco mais de uma semana depois do lançamento da nova moeda, em julho de 1994, descoberto em escavações recentes, definiu o Plano Real como "apenas um jogo de aparências" com o auxílio do qual "os preços têm chance de apresentar alguma estabilidade por algum tempo" (*sic*). Quatro anos e meio depois, a flutuação cambial permitiu que ele e outros usufruíssem dos benefícios do teorema, mesmo estando errados durante um período muito prolongado de tempo. Na verdade, eles continuam errados, pois o Plano Real aguentou o tranco da desvalorização e o país logo retornou a taxas de inflação bem pequenas. A tragédia prevista jamais ocorreu.

Previsão de catástrofe sem data de validade invoca a imagem já desgastada de um relógio parado: em algum momento marcará a hora correta, por breve período, pelas razões erradas. Mesmo assim, desafortunadamente, os "acertos" com essa característica não deixam de contribuir positivamente para a reputação do profeta.

Reguladores e bancos

Lógica pessoal, limites, regularidades e irregularidades

27. [Lei Única da Regulamentação Bancária Prudencial] A prudência e a diligência do banco são proporcionais à soma da responsabilidade do acionista controlador com o quadrado da responsabilidade do administrador.

A crise bancária americana em 2008 foi um marco na história do capitalismo. Como pôde acontecer uma coisa dessas no sistema financeiro mais avançado e sofisticado do mundo? Como tanta gente inteligente pôde fazer tanta bobagem?

Pois bem, vamos tentar responder a essa pergunta em uma palavra, na verdade, duas, mesmo com o risco de simplificar o problema em excesso: incentivos perversos. E a explicação para esse fenômeno tem a ver com uma característica importante do sistema jurídico dos Estados Unidos, o chamado "princípio da responsabilidade limitada", um dos pilares institucionais mais antigos do capitalismo no país, o qual, todavia, uma vez aplicado a instituições financeiras, *e nas especiais circunstâncias da ocasião*, teria distorcido dramaticamente a propensão a correr riscos e o alinhamento intertemporal de interesses entre acionistas e administradores.

Em termos simplificados, a lei americana institui que a responsabilidade dos acionistas de um banco pelos prejuízos causados a terceiros (credores, depositantes etc.) pela sua quebra só vai até o valor das suas ações, ou seja, não alcança seus bens pessoais. O mesmo vale para os administradores, exceto em casos de fraude. Nesse regime, cabe perguntar se os incentivos a correr riscos ficam do tamanho certo, sobretudo quando as tentações se multiplicaram vastamente, em face da incrível explosão de possibilidades de se correr riscos através de derivativos e operações estruturadas.

Quando as coisas vão bem, a experiência parece mostrar que sim, os incentivos estão na dimensão correta, principalmente na presença de esquemas de remuneração variável (os famosos "bônus"), que tornam os administradores uma espécie de "semissócios", ou seja, bons representantes dos interesses dos acionistas, conforme observamos anteriormente (n.12, A Maldição do Agente ou do Risco Moral).

O problema acontece quando as coisas vão mal, e especialmente quando as coisas vão muito mal, por exemplo, na presença de prejuízos maiores do que o capital da instituição. Nessa situação, com o banco quebrado, os administradores, por óbvio, deixam de auferir seus bônus, mas tampouco levam para casa qualquer ônus. Os acionistas perdem suas ações, pois o patrimônio da instituição fica negativo, porém, em razão da limitação de responsabilidade, *eles não podem ser chamados a cobrir prejuízos deixados pelo encerramento das atividades do banco.*

Em resumo, quando há lucros, acionistas e administradores se pagam dividendos e bônus; quando há prejuízo, ninguém ganha nada e o capital da instituição é consumido. Quando é consumido por inteiro, ou mais, o banco tecnicamente deixa de existir e os credores não têm de quem cobrar. Se o banco é grande, ou "muito conectado", o assunto se torna "sistêmico", pois as perdas são vultosas, sobretudo as dos depositantes, que não têm culpa de nada, e o problema passa a ser do Banco Central.

Hoje parece claro que a "falha regulatória" na raiz da questão talvez tenha sido a combinação entre os enormes, talvez inéditos, excessos em matéria de exposição ao risco cometidos sob a égide do princípio da responsabilidade limitada, o qual, nesse contexto, resultou em perverter os incentivos de administradores e acionistas diante dos riscos inerentes à atividade financeira. Tenha-se claro que o princípio da responsabilidade limitada sempre esteve em vigor nos Estados Unidos. O que é novo e revolucionário são os superpoderes para assumir risco que se estabeleceram recentemente, a partir de diversos tipos de inovação financeira. Eis o dilema: como se comportar de modo racional no tocante a operações arriscadas quando o ganho é todo seu e as perdas, se catastróficas, são do Banco Central ou, em última instância, do contribuinte? Será que esses incentivos perversos podem ser corrigidos apenas através de regulação, sem que se alterem as regras de limitação de responsabilidades?

O fato é que aqui no Brasil o sistema é diferente.

Conforme a lei que regula a intervenção e liquidação de bancos (Lei n.6.024/74), no momento da intervenção todos os bens dos administradores ficam indisponíveis para permitir ressarcimentos em caso de prejuízo. Posteriormente, no âmbito do Proer (Programa de Estímulo à Reestruturação e ao Fortalecimento do Sistema Financeiro Nacional) – instituído pela Lei n.9.447/97 e que evitou uma crise bancária decorrente da quebra de vários bancos privados de grande porte –, esse dispositivo foi estendido de modo a alcançar os bens dos acionistas controladores, e foram introduzidas responsabilidades inclusive para os auditores. No Brasil, portanto, *não há "princípio da responsabilidade limitada" no sistema financeiro.*

Os reguladores americanos sempre nos diziam que nosso sistema, por conta disso, era meio primitivo. "Como vocês arrumam gente para ser diretor de banco se o sujeito tem que colocar todo o seu patrimônio em risco?", eles perguntavam, na brincadeira. Nós provocávamos de volta: "Se ninguém seria diretor de banco nos Estados Unidos caso não houvesse limitação de responsabilidade, deve haver muita coisa errada que vocês não estão vendo."

Gozação (e presciência) à parte, eles diziam, e com razão, que o princípio da responsabilidade limitada é uma salvaguarda essencial para o empreendedor que está na base do capitalismo, e que qualquer transigência nesse assunto pode facilmente levar a abusos. Pode ser. Quando se veem juízes brasileiros decretando penhoras de bens de sócios minoritários de companhias limitadas, por conta de conexões longínquas ou mesmo presumidas com obrigações trabalhistas de outras empresas, é fácil dar razão aos americanos.

Mas, ainda assim, cabe perguntar se a "responsabilidade limitada" deve valer para bancos do mesmo jeito que vale para as padarias e metalúrgicas. O fato é que, nos Estados Unidos, os grandes "gatos gordos" da crise de 2008, os altos executivos que comandaram a bagunça que provocou a crise, foram para casa com suas fortunas, decorrentes de bônus acumulados, enormes e intocadas. Nenhuma surpresa que haja "indignados" com a crise. Isso não aconteceu aqui, com o Proer; irritados ficaram alguns banqueiros que se consideraram perseguidos.

A lei enunciada neste tópico é "única", talvez porque qualquer outra norma de regulação prudencial possa se tornar ociosa diante dela. Temos aqui, é claro, um pequeno exagero, afinal, todos sabemos que o mercado financeiro não é um colégio de freiras. A lei apenas constata que administradores e acionistas, se estão sob o regime de responsabilidade *ilimitada*, serão bem mais prudentes do que seriam em qualquer ambiente regulatório. Por que será que os bancos brasileiros são muito mais capitalizados do que os de qualquer outra parte do mundo, e bem além do que o BCB exige?

28. [Princípio da Solidão Necessária] Mesmo sabendo que quanto mais opiniões a Autoridade ouve melhores são suas decisões, a Autoridade não vai ouvir ninguém, pois precisa reduzir a zero as chances de um processo.

Parágrafo único. O mensageiro nunca está inocente: a Autoridade jamais vai ouvir uma avaliação isenta do que quer que seja.

O isolamento da Autoridade é normal, já que suas conjecturas e dúvidas, por óbvio, não podem ser compartilhadas com os que são afetados por suas decisões.

A Autoridade sabe perfeitamente, por outro lado, que é bom ouvir o que os outros pensam, pois ainda que poluída e interessada, a informação sempre tem utilidade, além de dar ares de transparência e democracia ao exercício do mandato, uma vez que a Autoridade "ouve" o mercado.

Há sempre tanta sabedoria fora do governo, longe de Brasília, que muitas Autoridades entendem que devem manter um diálogo rico e permanente com seus regulados e especialmente com as "cabeças coroadas" de determinado assunto. Outros preferem um relacionamento mais distante e formal. Os riscos envolvidos nessas interações são grandes, em particular o de se deixar escapar algum pequeno fragmento de informação privilegiada, ou de se desenvolverem relacionamentos especiais que vão prejudicar o julgamento do regulador.

Para se proteger desses perigos, as Autoridades desenvolvem métodos destinados a disfarçar e ocultar sinais relevantes sobre suas ações, em geral através de técnicas próprias dos construtores de códigos: misturam indicações erradas com algumas corretas, que, eventualmente, soltarão de forma aleatória, para que se torne impossível ao interlocutor decifrar qual é a verdadeira direção por onde as coisas vão andar.

Como princípio geral, adicionalmente, a Autoridade jamais deve receber alguém do mercado sem testemunha, e jamais deve dizer algo a poucos que não possa dizer em público, para todos. Não obstante, sempre há o sujeito mais ousado que testa os limites e telefona para ver se a Autoridade solta alguma coisa que não devia. Muitos participantes do mercado, com frequência, precisam falar com a Autoridade para narrar um fato importante, ou que carece de providências, ou queixar-se de algo. A Autoridade não deve dizer uma palavra sequer, além de cumprimentos e despedidas. Diante do risco de uma fofoca, ou mesmo de uma acusação direta de vazamento ou favorecimento, a Autoridade, em muitos de seus dilemas, deve falar apenas com as paredes, ou melhor, apenas gesticular, pois pode haver grampos.

Em razão da "patrulha", sempre irracional e maldosa, a Autoridade cautelosa termina obrigada a tomar decisões de pior qualidade. A falta de imaginação pode ser uma opção inevitável de uma Autoridade avessa ao risco.

29. [Lei de Mauch, uma de várias, a Primeira Lei das Fusões Bancárias] Duas prostitutas não fazem uma donzela.

Claudio Mauch, o mais alemão dos gaúchos de Camaquã, era o especialista que o país precisava para ocupar o cargo de diretor de Fiscalização do BCB em um dos momentos mais difíceis da história do sistema bancário brasileiro. Juntamente com Gustavo Loyola, outro craque, por duas vezes ex-presidente da casa, formou a equipe que concebeu e executou o Proer e o Proes (Programa de Incentivo à Redução do Setor Público Estadual na Atividade Bancária), programas de saneamento dos bancos privados e estaduais que evitaram que o Brasil passasse por algo parecido ao que os Estados Unidos experimentaram em 2008.

Infelizmente, foi sempre modesto o reconhecimento devido a esses técnicos pelo extraordinário trabalho do qual resultou a saúde do sistema bancário, base de várias coisas boas que vieram em seguida. Coisas da política. Mas o próprio Lula deixou escapar o que pensava a respeito em fins de 2008, quando sugeriu a Barack Obama que adotasse o *nosso* Proer. Era a síndrome do ateniense de que já falamos (n.20, Princípio de Forrest Gump), que imaginava que todos os navios do Pireu lhe pertenciam.

Além do domínio absoluto de seu ofício, Mauch era uma usina de saberes gauchescos intraduzíveis, ou impublicáveis, e de tiradas de espírito, muitas das quais aqui aproveitadas. Clássico instantâneo, o disposto acima surgiu de um comentário a respeito de uma notícia sobre a fusão de duas instituições bem conhecidas da fiscalização bancária.

Diversas fusões foram aventadas durante o período mais conturbado da reestruturação do sistema bancário, entre 1995 e 1997, e frequentemente a propósito de uniões em que ambos os lados tinham problemas e procuravam um parceiro para resolver *o seu* problema. O casamento, nessa difícil circunstância, podia servir para encobrir o intuito dos noivos de elevarem o casal à categoria de "grande demais para quebrar". Quando foi feita a primeira das operações no âmbito do Proer, muitos bancos nem sabiam bem o que era o programa e já se preparavam para fusões imaginando que esse seria o meio de acessar os seus recursos. É claro que não era bem isso.

Como regra geral, para bancos e para empresas, uma fusão, mesmo entre iguais, é sempre um desafio, pois cria problemas de curto prazo na integração, e as famosas sinergias vão aparecer apenas no decorrer do tempo. Quando a fusão envolve uma instituição rica e capitalizada e outra nem tanto, esta pode ter os seus problemas resolvidos, mas a outra vai precisar exibir muita musculatura para evitar contaminação. A parte fraca dessa união vai ser esfolada pela forte, pois não há mistério nem misericórdia em casamentos por conveniência. A fraqueza não pode ser excessiva, pois levaria a uma espécie de abraço do afogado que a parte forte vai repelir. O casório, nessa situação, apenas ocorre na delegacia, sob os auspícios do BCB.

Fora disso, a junção de duas instituições com problemas gera nada mais que economia processual, como observa Mauch, já que eram duas liquidações feitas em um só ato.

30. [Segunda Lei das Fusões Bancárias] Em toda fusão de banco apoiada pelo Banco Central ao menos um dos nubentes está quebrado.

Na maioria das fusões bancárias não se consegue enxergar quem é, de fato, a parte compradora, e é raro o comportamento dos envolvidos fornecer qualquer pista sobre o assunto. As uniões entre desiguais jamais podem ser apresentadas nesses termos, pois o mercado sabe que são raras e difíceis de explicar; mais frequentemente, são transações tornadas compulsórias pelo BCB em razão de problemas muito sérios com uma das partes.

Quando um comprador reputadamente forte se vê diante da possibilidade de adquirir uma instituição em situação difícil, vale dizer, com patrimônio negativo, faz um raciocínio bastante simples: para que faça sentido econômico comprar algo que tenha valor negativo será preciso *receber* e não pagar. Nesses casos, como em muitas das privatizações de que trataremos adiante a propósito das lágrimas provocadas por gás lacrimogêneo (n.58, Princípio das Lágrimas do Privilégio), o apoio da Autoridade é essencial para fechar a conta e viabilizar uma transação que evitará o sempre problemático colapso de um banco.

O apoio da Autoridade pode ser de várias ordens. A mais justa e segura, para quem compra, é a situação em que a Autoridade decreta uma intervenção na instituição com problemas e o interventor vende para o comprador interessado um conjunto de ativos e passivos de valor idêntico do banco sob intervenção. O "buraco" fica com quem o criou – em conformidade com o que observamos anteriormente acerca da responsabilidade ilimitada de administradores e controladores (n.27, Lei Única da Regulamentação Bancária Prudencial) – e a parte boa do banco segue funcionando com nova bandeira e nova administração.

Outros apoios podem vir através de financiamentos subsidiados por parte do FGC (Fundo Garantidor de Crédito) e mediante a isenção de recolhimentos compulsórios e outras obrigações regulatórias que a Autoridade pode relaxar de forma seletiva em benefício do comprador. Todavia, é sempre melhor que essas transações ocorram sob o manto da normalidade e sem o recurso de uma intervenção do BCB, a fim de evitar que as pessoas se assustem e fiquem inquietas com relação a outros bancos. Pode sair muito mais caro, mas tem a vantagem de conter o contágio. Essa tem sido a filosofia nos últimos anos, e o uso dos recursos do FGC faz toda a diferença, pois, tecnicamente, é uma entidade privada que dispõe livremente de seu capital.

Relativamente aos casamentos na polícia, os resgates com recursos do FGC possuem uma desvantagem associada ao que já definimos como "risco moral" (n.12, A Maldição do Agente ou do Risco Moral), ou seja, à percepção de que ninguém nunca vai sofrer intervenção e, consequentemente, comprometer seu patrimônio pessoal. Em fusões "chapa-branca" prevalece a sensação de impunidade, ou de que um aventureiro conseguiu escapar dos rigores da lei, o que envia mensagens erradas para o sistema. As propensões a correr risco ficam distorcidas não apenas nos gestores, mas também entre depositantes, que deixam de se preocupar com a prudência de suas aplicações. Na verdade, se fica estabelecida a percepção de que há uma garantia total e irrestrita aos depósitos, os poupadores vão preferir justamente os mais imprudentes, pois serão esses que irão oferecer os CDBs com as taxas mais apetitosas.

31. [Princípio do *Jus Sperniandi*] O esperneio é proporcional ao tamanho da picareta.

A quebra de um banco ou empresa, exceto quando se trata de um dos grandes, é um fato empresarial normal que, em tese, nada tem a ver com picaretagem, fraude, crime contra a economia popular, gestão temerária, essas coisas. Gente séria pode quebrar porque simplesmente não teve sorte, tomou decisões erradas ou não soube enfrentar os novos desafios de uma conjuntura em rápida transformação. Na realidade, conforme ensina o economista austríaco Joseph Schumpeter, famoso por ter cunhado a expressão "destruição criadora", quase todos os negócios, por mais fortes que sejam em um dado momento, acabam falindo e quase sempre pela dificuldade em inovar. A mortalidade das empresas que compõem tanto o índice Dow Jones quanto o Ibovespa, quando considerados períodos mais longos, é uma eloquente demonstração dessa cruel fatalidade. Portanto, pode acontecer com qualquer um, e geralmente a pessoa de bem encara essa experiência com humildade, quase como penitência a ser cumprida.

Mas, infelizmente, esse não é o caso geral.

Com muita frequência, mesmo antes do fim, a empresa começa a fazer coisas que não deve, e quando chega o momento da verdade a situação está duplamente complicada, em razão das tentativas de vigarice empreendidas para se evitar a derrocada. O picareta se revela em sua plenitude nesse momento de dificuldade. Numa indústria regulada como o sistema bancário, o BCB percebe quando a coisa está degringolando, frequentemente emite advertências e, em geral, cria-se uma relação de hostilidade com o regulador na qual a beligerância vai aumentando com o número de pontos de atenção já percebidos pela fiscalização. A experiência mostra que, à medida que as coisas vão piorando, a tentação para testar os limites vai ficando maior, bem como o mau humor do fiscal. Há os que se entregam totalmente às soluções mágicas, às operações que não cogitariam fazer em condições normais e às tentativas de fechar o balanço em Brasília. Pode não haver necessariamente má-fé, mas desespero, e é esse o momento no qual se observa a diferença entre os que admitem um fracasso empresarial, e se conformam em lidar com as consequências, e os que, em contraste, nada mais têm a perder, e assim mobilizam céus e terras, acusam o regulador, apegam-se às mais estapafúrdias conspirações e brigam para obter vantagens nos processos de liquidação.

Quando, afinal, ocorre o evento de intervenção, de onde ninguém nunca voltou, o picareta adota a postura de antagonizar ruidosamente a Autoridade, com o objetivo de afastar o foco de seus desvios. Por isso os processos judiciais, as ameaças pessoais, os recados malcriados, o recurso à influência de parlamentares e ministros e as tentativas de cooptação de jornalistas, a fim de veicular as versões conspiratórias dos eventos. Todas essas formas de esperneio mostram espantosa proporcionalidade com o tamanho das insubsistências ativas e superveniências passivas, para usar a linguagem técnica, encontradas no banco. Quanto mais contenciosa é a intervenção, mais picareta costuma ser o controlador.

32. [Lei de Mauch, outra de várias] Não há fantasmas vagando sobre a Terra, ou laranjas brotando em árvores, que a diretoria do banco não conheça.

A "conta-fantasma" é aquela em que o titular é pessoa física ou jurídica que não existe, ou seja, para a qual a documentação não possui nenhum elemento que leve ao conhecimento da verdadeira identidade do titular.

No tempo em que o Brasil vivia a hiperinflação e em que havia fundos ao portador para aplicações financeiras, o anonimato permitia que os espíritos encarnados mantivessem contatos com outros planos da existência sem maiores contorcionismos. A informalidade era a regra e não havia assombrações. Mais adiante, já no ambiente da estabilidade e com restrições muito maiores no tocante à identificação dos correntistas e investidores, as aparições de fantasmas começaram a ser documentadas.

Em 1994 teve início um cuidadoso recadastramento de contas bancárias, cujo prazo final de encerramento foi se estendendo até 2002, quando ainda havia cerca de 1,5 milhão de contas não reclamadas, com saldo total

Figura 15. Bruce Willis como o assassino profissional Chacal (na versão cinematográfica de 1997), em uma de suas múltiplas identidades alternativas, prestes a enganar alguma autoridade fronteiriça. No final do filme, não se consegue estabelecer a verdadeira identidade do assassino.

em torno de R$350 milhões, uma quantidade absurda de dinheiro que restou nos bancos porque seus titulares preferiram não aparecer.

Como as bruxas, os fantasmas sempre existiram, e eis que fornecem símbolos universais para nossas angústias sobre o que se passa no mundo das sombras. Na sua vertente financeira, a fantasmagoria também trata de movimentações que ocorrem onde a luz não pode penetrar. A constituição exata do fenômeno vai se aperfeiçoando continuamente conforme as circunstâncias. Quem viu *O dia do Chacal*, filme baseado no livro de Frederick Forsyth, o primeiro, de 1973, ou o *remake*, de 1997, assistiu a um verdadeiro tutorial sobre a confecção de material fantasmagórico.

A história original, em parte verídica, trata da trajetória de um assassino profissional contratado para matar o presidente Charles de Gaulle, e um de seus aspectos mais interessantes tem a ver com a capacidade de o assassino mudar diversas vezes de identidade, e assim ir desaparecendo à medida que a polícia estava prestes a capturá-lo. O filme demonstra que um fantasma bem construído sempre se serve de elementos que pertencem a este mundo. Um cidadão falecido, cujo óbito não foi devidamente registrado, abre uma conta num banco em uma praça distante e, dessa forma, obtém um cadastro, um cartão de crédito e um passaporte. Tudo começa com um documento de identidade forjado ou modificado, a partir do qual pode ser gerada uma penca de outros documentos e materializada toda uma geração de assombrações.

Um episódio extraordinário, ocorrido em 1989, ilustra o funcionamento de uma típica cadeia de fenômenos paranormais: com certidões de nascimento falsificadas, empreendedores especializados na produção de ectoplasma forjaram documentos para figurar como sócios de um punhado de empresas, todas devidamente registradas em Juntas Comerciais, para atuar no comércio de importações. A quadrilha pretendia aproveitar a existência de um câmbio paralelo, na época duas vezes superior ao oficial, fechar o câmbio de importação pelo oficial, efetuar o pagamento para alguma empresa do esquema no exterior e jamais receber a mercadoria importada. Em resumo, comprariam dólares no oficial para vender no *black*, como tantos outros esquemas que não chegaram aos volumes substanciais que eles conseguiram movimentar em face do recurso desabusado ao sobrenatural.

O caso gerou celeuma e até mesmo uma CPI, de resultados inconclusivos. Algum tempo depois, com o propósito de deslindar o esquema, o BCB formou uma força-tarefa que fez descobertas fascinantes. Uma única corretora tinha fechado mais de quinhentos contratos de câmbio de importação em valor superior a US$200 milhões com dez empresas-fantasmas, todas com diretores que eram "pessoas inexistentes", e nenhuma importação associada a esses contratos jamais chegou aos portos brasileiros.

Diante das descobertas da força-tarefa, o BCB aplicou as maiores multas em sua história para infratores da espécie, algo como US$400 milhões. É curioso que os fantasmas tivessem de ser intimados por todas as formas possíveis (só não se fizeram sessões espíritas com esse fim) para que seu não comparecimento servisse como evidência de sua condição etérea. Já sobre os bancos e corretoras que operaram seguidamente com essas empresas, e que não repararam que estavam lidando com criaturas do outro mundo, o que se pode dizer é que suas alegações foram julgadas improcedentes.

Na forma do princípio exposto, é impossível que a chefia não soubesse do que se tratava; mais provável, inclusive, é que estivesse intimamente relacionada à origem do fenômeno.

Reza a lenda que, antigamente, quando a inflação a tudo encobria e o "dólar-cabo" era considerado uma diversão inofensiva, muitos bancos ensinavam às empresas como se fazia para criar e alimentar um "caixa 2", e também, às vezes, um "caixa 3" (o do tesoureiro da empresa), além de outras inesgotáveis variantes envolvendo operações de crédito, de câmbio e, mais recentemente, com derivativos. Todavia, o cerco foi apertando e as fórmulas consagradas para esquentar e esfriar dinheiro ficaram conhecidas e marcadas. Em vista da ênfase das Autoridades na perfeita identificação dos clientes nas operações bancárias, das leis e diretrizes que vieram do esforço de combate à chamada "lavagem de dinheiro" e da obrigatoriedade de os bancos manterem sistemas de controles internos (*compliance*) e de "KYC" (*know your client*, ou "conheça o seu cliente"), as assombrações deixaram de ser um assunto dos gerentes de agência, pois se tornaram operações complexas, envolvendo diversos departamentos do banco, portanto impossíveis de serem executadas sem o conhecimento e apoio da alta direção da instituição.

Em resumo, ficou reforçado o princípio acima, segundo o qual *a chefia sempre sabe*, e sua única defesa, quando a luz faz sumir a sombra, é o artifício conhecido como *plausible deniability*, de que tratamos anteriormente (n.5, Axioma de House) a propósito do implacável diagnóstico sobre o gênero humano feito pelo doutor Gregory House. É esse o truque que, com mais frequência do que seria aceitável pela sociedade, vinha livrando os mandantes, em última instância, dos indiciamentos nos grandes escândalos de nosso tempo. Depois do julgamento da ação penal 470 (o "mensalão"), o princípio de que a chefia sempre sabe ficou apenas reforçado e o caminho para a escapatória, bem mais difícil.

33. [Lei de Mauch, mais outra] Muda a porcaria, mas as moscas são sempre as mesmas.

Numa certa época, dizia-se que nove entre dez trampolinagens financeiras descobertas pelas Autoridades envolviam as mesmas instituições e, em vários casos, as mesmas pessoas. A espantosa reincidência em tudo parecia confirmar a sabedoria da expressão cunhada pelo chefe de polícia, capitão Louis Renault, no final de *Casablanca*: "Suspeitos de sempre."

Do ângulo institucional, pode-se dizer que as coisas mudaram para muito melhor, em vista dos progressos fenomenais na fiscalização bancária, bem como na profissionalização e governança de instituições outrora fora dos radares regulatórios, como bancos estaduais e entidades de previdência privada.

Do ângulo pessoal, o fenômeno que o princípio exposto acima procura caracterizar é o de que o malandro de verdade não tem remédio, pois sua especialização o escravizou: ele se moverá de uma picaretagem para outra, sem nunca dedicar seu tempo ao modo correto de fazer as coisas, ainda que faça mais sentido econômico. O malandro convicto não consegue trabalhar dentro das regras, como se tivesse sido treinado e condicionado exclusivamente para a tarefa de burlá-las. Com efeito, não há evidência empírica a comprovar o conhecido teorema proposto por Chico Buarque de Hollanda, segundo o qual os melhores interesses do malandro estão atendidos quando este se comporta de forma honesta. Nesse terreno avolumam-se provas apontando na direção contrária, ou seja, confirmando a tese da imutabilidade da natureza má. Por isso, quando se descobre uma vilania financeira, sempre se chega aos mesmos personagens, alvejados repetidas vezes por processos administrativos que os levam, não uma mas diversas vezes, à pena de inabilitação para exercer cargo em instituição financeira. Porém, mesmo quando essas decisões do BCB são confirmadas na instância recursal da esfera administrativa – o Conselho de Recursos do Sistema Financeiro, órgão paritário conhecido como Conselhinho –, o réu quase sempre consegue derrubar a decisão no Judiciário.

O assunto aqui é o mesmo que tanto foi debatido na questão da chamada "ficha limpa". O indivíduo não foi ainda condenado na última instância judicial, o que pode demorar muitos anos para ocorrer, mas já acumula uma quantidade expressiva de infrações às regras a ponto de a Autoridade considerar que já não possui "reputação ilibada", um pré-requisito reconhecidamente subjetivo para o exercício de cargo de direção no sistema financeiro e que equivale à "ficha limpa". Espera-se que, uma vez consagrado diante da opinião pública, o princípio da "ficha limpa" para a seleção de pessoas que podem concorrer a cargos no Legislativo possa ser estendido ao mundo financeiro.

34. [Teorema do Gelo Fino] Toda tramoia denunciada pelo Banco Central aos órgãos de controle do setor público resultará em procedimento administrativo ou judicial contra os denunciantes.

No curso de sua atividade cotidiana de fiscalização bancária e cambial, o BCB frequentemente se depara com situações em que encontra descumprimento de suas normas e indícios de atividade criminosa.

Quando essa situação se apresenta há uma divisão de trabalho a observar: os assuntos normativos devem ser objeto de processo administrativo no âmbito do próprio BCB; e os de natureza criminal devem ser comunicados ao Ministério Público, ao qual cabe tratar de investigar e denunciar criminosos à Justiça. Isso sem esquecer as comunicações à Secretaria da Receita Federal, para que sejam verificadas as infrações à legislação tributária.

Em um cenário ideal, todos esses órgãos deveriam colaborar, mas nem sempre é isso o que ocorre. Burocracias independentes, quando postas em contato, sempre revelam mais atrito do que o prescrito pelas leis da física. Existem muitas suscetibilidades no procedimento de comunicação, e mais genericamente no relacionamento com o Ministério Público, pois o TCU (Tribunal de Contas da União) e a CGU (Controladoria-Geral da União) estarão muito atentos para a forma, a tempestividade e o conteúdo dessa comunicação.

Qualquer pequeno deslize pode ser interpretado como desleixo, ou pior, prevaricação, que é a designação para o crime de "retardar ou deixar de praticar, indevidamente, ato de ofício, ou praticá-lo contra disposição expressa de lei, para satisfazer interesse ou sentimento pessoal" (art.319, Código Penal, pena: detenção de três meses a um ano e multa).

Por conta disso, embora na posição de fiscal, o funcionário do BCB, e também o dirigente, sente estar caminhando num gelo muito fino, pois uma comunicação prematura ao Ministério Público coloca em movimento uma gigantesca engrenagem, um inquérito criminal ou uma devassa tributária que pode ser imerecida e muito dolorida. Infelizmente, as acusações que chegam a esse estágio em geral produzem manchetes de jornais que, em si, causam danos jamais recuperados quando ocorre o veredicto de inocência, anos depois e quase sempre desacompanhado de qualquer divulgação.

Não obstante, uma comunicação tardia ao Ministério Público pode trazer para o funcionário a acusação de prevaricação. Essa é uma situação infeliz, pois gera ao menos três distorções:

(i) um viés de rigor excessivo por parte do BCB, o qual, em face do temor de ver-se na posição de réu, dispara comunicações para tudo o que remotamente possa parecer uma ilegalidade;
(ii) um viés intervencionista dos órgãos de controle, pois estes percebem que podem influenciar as decisões do BCB utilizando a ameaça de indiciamento por prevaricação (em muitos casos, isso leva a que os órgãos de controle do setor público assumam funções de administração, via consultas prévias regulares diante de qualquer iniciativa); e
(iii) um viés do Ministério Público, ao menos durante os primeiros anos de sua existência, no sentido de processar seguidamente os dirigentes do BCB, sobretudo em assuntos com ingredientes políticos, uma vez que

gera mais mídia acusar o BCB de negligência, desleixo e improbidade do que concentrar suas atenções em crimes financeiros às vezes muito difíceis de entender e praticados por ilustres desconhecidos.

Não há dúvida de que o denuncismo produziu excessos e que a judicialização imiscuiu-se indevidamente nas políticas públicas e na conduta cotidiana dos servidores. A alternância no poder serviu para acalmar os espíritos e separar as coisas. Uma coisa é o crime comum, a corrupção, por exemplo, diante da qual a Autoridade não deve merecer nenhum privilégio em relação a outros brasileiros; talvez o contrário, em razão do exemplo e da confiança traída. Outra coisa bem diferente são as paixões despertadas pelas políticas econômicas dos adversários políticos. Estas não deveriam parar no "tapetão". Diferença ideológica não é crime, por mais que uma parte enxergue na outra a autoria de ferimentos mortais às suas convicções.

Decisões

Paixões, interesses e burocracias

35. [Lei do Kafka n.10, Da Conservação do Ente Burocrático] O ente burocrático é indestrutível, ou o instrumento é mais importante do que os objetivos, ou o fim serve aos meios.

Parágrafo único. Toda vez que dois órgãos públicos precisarem examinar o mesmo processo em separado, nenhuma decisão será tomada. E quando se tornar imperativa uma decisão consensual e negociada, ela terá o condão de manter tudo exatamente como sempre foi.

Em seu enunciado original, Roberto Campos foi pessimista, ainda que tenha ido direto ao ponto: "Quem já viu alguma repartição pública desaparecer no Brasil?" Quis o destino, todavia, que ele vivesse o suficiente para testemunhar coisas difíceis de vislumbrar ao tempo das primeiras leis do Kafka, como o avanço das ideias liberais que permitiram o fim da hiperinflação no Brasil e diversas reformas. Entre estas, a privatização, que alcançou até mesmo as ferrovias, que, conforme ele dizia, eram "organizações de emprego e apenas secundariamente instrumento de transporte", exemplo flagrante de "fins que servem aos meios".

É claro, no entanto, que a doença continua existindo, e fortíssima, pois a tese de que o instrumento é mais importante que o objetivo combina forças poderosíssimas: a herança lusitana, a ideologia estatista de esquerda, a influência keynesiana (bastarda) pela direita e a tração própria das burocracias, que não precisam de nada disso para crescer. O ex-ministro da Fazenda Maílson da Nóbrega lembrou recentemente de uma lei associada ao economista alemão Adolph Wagner (1835-1917), segundo a qual o tamanho do governo aumenta à medida que o país se desenvolve.

FIGURAS 16 E 17. Alexandre Kafka (à esquerda na primeira foto, com Eugênio Gudin) e seu primo distante Franz, na foto de seu passaporte. Eles falavam de coisas semelhantes, cada qual do seu jeito.

Vito Tanzi, o lendário chefe do Departamento de Assuntos Fiscais do FMI, fartou-se de documentar essa síndrome, que, de fato, atravessou diferentes momentos históricos nos quais a política oscilou para a esquerda ou para a direita, sem que esses volteios ideológicos afetassem o curso dessa lei, ou maldição.

A burocracia não foi feita para mudar as coisas, pelo contrário: serve para tocar o que existe e conservar tudo como sempre esteve. E tanto melhor que seja maior o que haja para tocar. Dessa forma a burocracia, sobretudo quando purgada de influências políticas espúrias, se acomoda nas engrenagens da história como ferrugem, ou como a inércia funcional que filtra as iniciativas de ministros e secretários que vêm e vão, trazendo ideias novas, sempre perigosas. A burocracia não tem a ver senão secundariamente com a substância; sua religião é a forma, composta de método, hierarquia e impessoalidade. A burocracia é um objetivo em si, um animal que se alimenta das próprias entranhas, e a única mudança que admite, mesmo assim com notável desconfiança, é a sua própria expansão.

Já o parágrafo único da lei aqui tratada nasce num momento posterior, quando a burocracia já é grande o suficiente para que as tarefas tenham de ser divididas entre diferentes órgãos, e obedece à velha máxima sobre o uso de grupos de trabalho para estacionar o andamento das coisas. Na verdade, pouca coisa importante não precisa ser decidida com o concurso de mais de uma burocracia, e nada pode ser tão paralisante no serviço público quanto uma atribuição dividida entre diversos órgãos. Invariavelmente os envolvidos olham para alguma instância superior, em busca de apoio para a definição da liderança do processo, e se as Autoridades ignorarem esses apelos, as burocracias permanecerão agarradas aos cânones já existentes e às práticas habituais. Só há um consenso possível entre diferentes órgãos da burocracia: cada um cuida do seu roçado do jeito que sempre cuidou, e tudo fica como sempre esteve.

36. [Lei do Kafka n.8, Da Responsabilidade Unilateral] A Autoridade é solidária no desfrute dos méritos dos subordinados que escolhe, mas completamente inocente dos respectivos desacertos. O burocrata bem-sucedido é incapaz de um ato de heroísmo ou de criatividade.

O burocrata longevo pode ser simpático e extrovertido no que é acessório, mas, na essência, deve ser frio, paciente, opaco e, principalmente, avesso ao risco e, portanto, à criatividade. Deve cercar-se de funcionários preferencialmente com perfil semelhante ao seu, pois o observador externo avaliará o burocrata pela fidelidade refletida nos relatos de seus subordinados. Daí a motivação para a proteção e manutenção de diversos incapazes, sempre caninamente fiéis, embora as equipes não devam ser formadas apenas com eles. Deve vigorar aqui uma velha lei, atribuída a Getulio Vargas, segundo a qual um bom ministério, como qualquer boa equipe, deve ser composto de dois grupos: um formado de incapazes; e outro, daqueles capazes de tudo.

Sempre haverá jovens mais voluntariosos que não devem ser constrangidos, pois, afinal de contas, *alguma* iniciativa tem que haver. Na ausência de realizações, a progressão funcional ficará limitada à passagem do tempo, cuja característica é a lentidão. Por outro lado, o bom burocrata deve manter uma distância prudente de subordinados inquietos e com muita iniciativa, porque, ainda que os méritos das boas ideias sejam também e principalmente seus, por associação, as polêmicas ou desacertos trazem aborrecimentos desproporcionais.

Na eventualidade da ocorrência de iniciativas infelizes de subordinados incompetentes ou atrevidamente competentes (são igualmente incômodos para os fins desta lei), o assassinato deve ocorrer com a naturalidade e a frieza próprias dos vilões shakespearianos. O sobrevivente deve derivar benefício ao demitir, livrando-se de culpa e tornando-se solidário à crítica, porém sem exageros, pois é conveniente inundar de homenagens a vítima, especialmente seus padrinhos, para que sejam solidários não apenas ao morto, mas à continuidade do drama.

Em seu enunciado original, Roberto Campos lembra, como exemplo, de Getulio Vargas, que "levou à perfeição a sutil arte de colocar em debate os desacertos de seus ministros", e também de Juscelino Kubitschek, "um requintado mestre na arte de colher aplausos e fugir à responsabilidade, com o óbvio resultado de agravar *ad infinitum* a covardia burocrática de seus subordinados".

Em tempos mais recentes, essa "bizarria de nosso sistema presidencialista", como Campos a definiu, se tornou corriqueira: a "fritura" ministerial faz parte da rotina de um regime que precisa sacrificar não apenas as virgens mas também as prostitutas, para salvaguardar as virtudes da chefia. Parece que quanto mais ministros são demitidos por conta de desvios, e quanto piores os desvios, melhor para a liderança, que demite mas também afaga, uma vez que o sucessor terá de ser do mesmo partido aliado. E, assim, o desagravo oculta o assassinato e, ainda, a vilania que o originou.

37. [Lei do Kafka n.9, Da Transferência de Culpa] É menos importante encontrar soluções do que ter bodes expiatórios.

Na sua versão original, o princípio ganhou uma fecunda exposição de motivos, cujo tema central é o ódio e a sua funcionalidade para o equilíbrio político do mundo contemporâneo: "As frustrações do subdesenvolvimento criam a necessidade de odiar e de procurar causas externas à nação, no domínio da magia e da conspiração, para explicar a nossa pobreza." Na mesma linha, Roberto Campos faz uso do filósofo inglês Bertrand Russell: "Não gostamos de ser privados de nossos inimigos; desejamos odiar alguém quando sofremos. Seria tão deprimente pensar que sofremos porque somos tolos; contudo, tomada a humanidade em seu conjunto, essa é a dura verdade! Por esse motivo nenhum partido político pode adquirir força motriz exceto através do ódio: precisa expor alguém à execração."

Figura 18. Mario Vargas Llosa, Nobel de Literatura em 2010, afirma, na Introdução ao *Manual do perfeito idiota latino-americano*, p.16: "A idiotice que impregna este manual ... não é somente latino-americana: corre como o azougue e cria raízes em qualquer parte. Postiça, deliberada e de livre escolha, é adotada conscientemente por preguiça intelectual, apatia ética e oportunismo civil."

O escapismo através do ódio se consuma, conforme ensina Mario Vargas Llosa, a partir de uma "idiotice intelectual que aparece sobretudo como fraqueza e covardia em face da realidade real e como uma propensão neurótica a substituí-la por uma realidade fictícia. Não é de estranhar que um continente com essas inclinações tenha se tornado terra propícia ao surrealismo, à beleza inebriante da fantasia e da intuição, e à desconfiança para com o racional".

O enredo central desse escapismo é simples e apelativo: "*Somos pobres: la culpa es de ellos.*" E com esse espírito vicejaram centenas de teorias sobre como nossos tesouros foram roubados, sobre conspirações da CIA ou sobre como relações internacionais assimétricas e injustas, normalmente descritas com o uso do conceito de "dependência", resultam em nos manter aprisionados à mediocridade econômica.

Anos depois do enunciado original da lei, em 1997, em seu prefácio para a edição brasileira do imperdível *Manual do perfeito idiota latino-americano*, Campos forneceria o *aggiornamento* do princípio tratado neste tópico em um tom mais científico: "A errônea identificação de inimigos consiste em atribuir-se a pobreza endêmica e os absurdos desníveis de renda na América Latina ao capitalismo e ao liberalismo, animais quase inexistentes em nossa paisagem e que apenas agora ensaiam uma tímida presença. Os reais inimigos são outros: o mercantilismo patrimonialista, o estatismo e o nacionalismo."[1]

Mais clareza, impossível.

38. [Princípio do Afastamento da Responsabilidade] Quem decide sobre questões espinhosas ou "maldades" é sempre o funcionário menos graduado, geralmente autor de uma "nota técnica".

Muitas demandas chegam às mesas das Autoridades, sempre com algum interessado insistente pronto a incentivar e acompanhar os detalhes do andamento do pleito. A esmagadora maioria desses pedidos representa ônus para o Erário e seu destino habitual costuma ser a gaveta ou a negativa expressa. Na verdade, a minha própria experiência, narrada alhures, sugere uma conta bastante simples: de cada cinquenta decisões diárias, 47 são respostas negativas a demandas pessoais, muitas com padrinhos políticos e acompanhadas de mensagens do patrocinador. Das três restantes, há um "talvez", um "sim", se atendidas algumas condições, e uma única aprovação inequívoca que os 49 rejeitados e seus amigos e padrinhos vão achar enviesada, ou coisa pior.

No interior da burocracia, o "pleito" é uma substância que pode transitar por longo tempo de um lado para outro, sem perda de matéria, sem desgaste pelo atrito, e às vezes aumentando ou diminuindo sua massa em razão de eventos políticos. O "pleito", com o passar do tempo, vai se resolvendo através de um fenômeno gravitacional conhecido como "afastamento de responsabilidade". Essa é a força que o leva ao último recanto de reverberação do vácuo burocrático, onde pode, é claro, estar sujeito ao que se conhece como "encalhe" ou "gaveta". O cidadão nunca deve pensar nessas possibilidades como o "fim da história", uma vez que nenhuma matéria se extingue no âmbito da burocracia. Existem, inclusive, numerosos casos de ressurreição de defuntos e fenômenos paranormais (ver Primeira Lei da Capital, n.42, parágrafo único, sobre contrabando legislativo). Mesmo quando encalhado, o "pleito" respira, pois a burocracia possui órgãos com as mais estranhas formas de metabolismo.

Os burocratas mais recolhidos acalentam o estranho hábito de escrever "notas" que são constantemente oferecidas à Autoridade superior, nem sempre mediante solicitação. A Autoridade que se vê brindada com uma "nota técnica" pode ter certeza de que o seu subordinado teme ter de obedecer a uma ordem com a qual não concorda. Na imensa maioria dos casos, as "notas" procuram incutir medo na Autoridade, chamando a sua atenção para as piores consequências de um determinado curso de ação que já se apresenta como possibilidade iminente, talvez mesmo uma irreversibilidade.

A Autoridade cautelosa deve controlar a produção de "notas técnicas" de seus subordinados, visto que podem fragilizar uma decisão irreversível e que já nasce carente de méritos. Maquiavel em pessoa recomenda: "O Príncipe deve aconselhar-se sempre, mas apenas quando ele quiser, e ... deve demover qualquer um que pretenda aconselhá-lo sem ter sido consultado."

Para servir bem à chefia, a "nota técnica" deve sempre responder a um pedido, e a chefia sabe que, quando solicita uma "nota técnica", cria no burocrata um sentimento perturbador, já que ele não sabe de qual lado deve se posicionar. Pode parecer crueldade, no entanto, em muitos casos, a preferência da chefia não se faz clara, uma vez que o ministro se encontra diante de um impasse com um colega e, nos termos do parágrafo único da lei n.35, que dispõe sobre a Conservação do Ente Burocrático, instaura-se a paralisia. O assunto desce, portanto, sem indicação de preferência, até aterrissar na mesa do técnico menos graduado. É este que, subitamente investido de poder desproporcional à função, dispara uma "nota técnica" cheia de cautelas, sem conclusões, mas com algumas inclinações, que, todavia, vão se tornando mais agudas conforme o processo sobe de volta ao ministro, com tantos endossos quantos degraus hierárquicos houver até o topo. Assim, a piscada de olho de um analista adjunto júnior se transfigura em firme convicção ministerial.

39. [Axioma da Magnanimidade] As Autoridades sempre escolhem a alternativa intermediária.

Parágrafo único [Princípio da Relatividade Burocrática]. A fim de induzir a escolha da Autoridade, torne a alternativa mais radical, e desejável, a intermediária entre uma moderada demais e outra absurda.

A burocracia aprendeu que as Autoridades passam o primeiro ano, às vezes mais tempo, apenas aprendendo, no cargo, como a coisa funciona. A maior parte não tem nenhum interesse, nem disponibilidade, para estudar os assuntos da função, pois está de passagem; são políticos ou membros de outras carreiras e não querem investir em assuntos que vão deixar para trás. Por isso se empenham em ter um bom relacionamento com o pessoal da casa, sendo a recíproca ainda mais verdadeira, porque o corpo funcional quer vantagens, promoções, mimos, e essas coisas podem vir de um vínculo bem-sucedido com a chefia, ali por breve período, e rumo a um destino talvez estelar.

A rotina fica entregue à máquina, que, no entanto, precisa utilizar as poucas janelas de atenção abertas pelo chefe para explicar o que se está propondo. O chefe quer assinar, já que precisa se desincumbir das coisas, mas não sem uma boa explicação em duas frases, pois não quer correr riscos (conforme estabelecido, a propósito da aversão a heroísmos, na lei n.36, Da Responsabilidade Unilateral). A máquina precisa dar-lhe a impressão de que pesou longamente os prós e os contras e deixou para ele uma decisão ponderada entre alternativas cuidadosamente estudadas, uma simples múltipla escolha que permita ao chefe concluir por conta própria o que é sensato.

A máquina sabe que qualquer coisa pode ter essa característica, conforme as alternativas que se apresentam à direita e à esquerda, porque, afinal, tudo é relativo. E, assim, o chefe que não escolher a alternativa do meio sabe que estará discrepando da recomendação de sua equipe e correndo riscos desnecessários.

A evidência empírica em apoio ao axioma exposto acima advém, entre outros experimentos, das reuniões do Copom, no âmbito das quais, em certa época, o diretor de Política Monetária frequentemente iniciava o processo decisório oferecendo, depois de longas horas de debate e digestão de estatísticas e modelos, três alternativas. Na grande maioria das vezes o axioma era obedecido e a alternativa intermediária, sempre identificada com virtudes como equilíbrio, prudência e sensatez, sagrava-se vencedora.

40. [Lei de Coelho] Nada se inventa, tudo se copia de pacotes anteriores.

Parágrafo único. Todo programa de governo é sempre cópia de outro anterior, e já está no orçamento.

Os pacotes econômicos que se seguiram ao Plano Cruzado, de 1986, aos olhos dos advogados, pelo menos, parecem muito semelhantes entre si. A maior parte determinava a mudança do padrão monetário e o corte de zeros na moeda, como se esta estivesse trocando as fraldas depois de se sujar. E todos os pacotes tinham novas fórmulas para a política salarial, para os reajustes dos benefícios da Previdência, dos aluguéis, das mensalidades escolares, dos salários do funcionalismo, dos contratos de prestação de serviços, das cadernetas de poupança e de todos os temas que formavam os cadernos especiais que os jornais invariavelmente publicavam sob o título "Como fica a sua vida depois do pacote".

Embora apenas o último dos "pacotões", o Plano Real, tenha sido bem-sucedido, diversas fórmulas usadas em pacotes anteriores foram muito bem-feitas e regiamente aproveitadas. Esse aprendizado foi cumulativo e os métodos, consagrados. De tal sorte que, na confecção das leis do Plano Real, era comum que o procurador-chefe do BCB, hoje ministro do Superior Tribunal Militar e então coordenador dos advogados envolvidos na redação do plano, dr. José Coelho Ferreira, afastasse os esforços de criatividade dos advogados mais jovens e dos economistas menos experientes em pacotes mencionando que estávamos de pé sobre os ombros de gigantes, para usar a célebre expressão de Isaac Newton. Dr. Coelho fazia sempre muito bem em nos lembrar o valor da memória da burocracia, e que os pacotes anteriores continham sabedoria, truques bem-feitos, assim como muita coisa que não havia funcionado e que era preciso evitar a qualquer custo.

Algo bem parecido ocorre no terreno dos programas de governo, um conceito que o tempo se encarregou de amadurecer, sobretudo depois da experiência do chamado "Plano de Metas" de Juscelino Kubitschek, que todos quiseram imitar, inclusive os generais. O conceito de "projeto nacional de desenvolvimento" ganhou enorme popularidade entre os políticos e suas assessorias e patrocinadores, de modo que os programas de governo começaram a ficar bastante parecidos entre si. Gradativamente, os componentes desses sonhos mirabolantes foram se convertendo em rubricas orçamentárias, e com o advento do chamado PPA (Plano Plurianual), definido pela Constituição de 1988 como parte do processo orçamentário, os megaprojetos de investimentos do governo federal passaram a pertencer a um processo rotineiro de planejamento. Os programas de governo recebem diferentes designações, cuidadosamente elaboradas por especialistas, como no caso das empresas que contratam publicitários para fazer seus relatórios anuais repletos de fotos bonitas e apelos às boas causas. Mas esses planos são todos semelhantes, principalmente em filosofia, ao identificar o desenvolvimento com o gasto público; e quando se trata da definição dos projetos, basta olhar o que os seus patrocinadores (as empresas interessadas na obra) já colocaram no PPA e no orçamento.

Jamais esquecer, todavia, que planos nacionais de desenvolvimento são criaturas da retórica e uma diversão aparentemente inofensiva para políticos e burocratas que querem se colocar na vanguarda de acontecimentos sobre os quais, na verdade, não têm nenhum controle.

41. [Axioma da Autoria] As Autoridades, em geral, só acolhem as ideias que são delas mesmas, ou as que lhes pertençam por doação sem contrapartida.

Muita gente de boa-fé chega a Brasília para propor coisas interessantes, e o mesmo ocorre com gente de má-fé, que traz sugestões maliciosas de modo a servir a seus piores interesses. O burocrata que recebe esses pedidos raramente tem dúvidas sobre a natureza dos pleitos, e quando se trata de ideias aproveitáveis pode ou não se convencer dos argumentos apresentados: se está convencido, o caminho ideal passa por uma norma geral, ou seja, uma solução impessoal, genérica, que compreende todos os casos da espécie. Se não for assim, sempre poderá ser visto como um casuísmo para resolver o problema específico do solicitante. Portanto, ainda que a ideia possua todos os méritos, deverá ser rechaçada sem hesitação. Quem vai acreditar que a solução de um problema pessoal foi totalmente sincera?

Felizmente para o burocrata esses casos são infrequentes. O mais comum, de longe, são as sugestões maliciosas sujeitas a uma negativa merecida, invariavelmente contestada por recalcitrantes, os que jamais desistem, mesmo quando não apresentam nenhum argumento que preste. É curioso como o chororô empresarial se assemelha aos maus alunos que vêm reclamar de nota, sempre imaginando que não há nada a perder, e que, na pior das hipóteses, é um treinamento para a sua capacidade de persuasão ou para os seus dotes de malandragem. Talvez por isso as Autoridades que tenham tido experiência docente antes de ir para o serviço público sejam especialmente avessas a essas abordagens, já que se acostumaram a conceder revisões de prova a seus alunos avisando que, se não houver substância na demanda, a nota vai ser reduzida. O mesmo deve valer para os que foram juízes de futebol e aprenderam a dar cartões amarelos para tentativas de enganar o juiz em simulações de pênalti. Trata-se da lógica dos honorários de sucumbência (o princípio de que a parte perdedora paga os custos da confusão que provocou: as custas judiciais e os advogados da parte vencedora), ou, no extremo, da litigância de má-fé no processo judicial, sempre punida com rigor por juízes assoberbados pelo excesso de trabalho.

Aos de boa-fé, que têm coisas interessantes a propor, a recomendação importante a fazer refere-se ao delicado problema da autoria. A vaidade da Autoridade nem é tão relevante; é claro que gostará de badalar a boa ideia entre seus pares, mas muito mais significativo é proteger-se de uma alegação, depois da norma publicada, de que copiou, plagiou ou, pior, acolheu sugestão de alguém da área privada que deve estar se beneficiando da norma.

A Autoridade, por isso, prefere as ideias sem dono, os bebês depositados em sua porta sem indicação de origem. O crédito tem de ser 100% dela. Se o leitor quer dar uma boa ideia para uma Autoridade, lembre-se de que sua criatura só vai prosperar se houver total abandono dos direitos autorais e absoluto silêncio sobre o assunto.

42. [Primeira Lei da Capital] Jabuti não sobe em árvore. Ou foi gente ou foi enchente.

Parágrafo único [Teorema do Contrabando Legislativo]. Quando alguém propõe dispositivo consolidador, aparentemente ocioso, apenas para dirimir dúvida de interpretação, é porque pretende resolver problemas dos quais não se pode falar.

Definitivamente, o acaso não existe na política, na política econômica, na natureza, na imprensa e muito menos em Brasília, centro nervoso de toda essa trama. Nuvens, folhas, chuva, vento, notas em colunas sociais, tudo em Brasília se movimenta em resposta a forças poderosas, ocultas ou não, bastante reais e com agendas definidas e claras. Por isso existem impressões digitais por toda parte. E, com o passar do tempo, o indivíduo experiente aprende a identificar a autoria de todas as alterações meteorológicas e até os recados ocultos nos horóscopos de jornal. E no *Diário Oficial*, em particular, cada linha e letra, bem como os borrões e as omissões, são como gravações sobre pedra, as confirmações em última instância dos mais variados atos dos Três Poderes e dos outros, ocultos, dos quais pouco se fala.

O parágrafo único trata expressamente de uma importante aplicação do princípio estabelecido no *caput*: não existe consolidação, nem simplificação, nem esclarecimento que sejam neutros em se tratando de conteúdo, mesmo quando é norma de hierarquia inferior, como decretos regulamentando leis, ou circulares do BCB regulamentando resoluções do CMN. As revogações, a parte menos lida e mais hermética das leis novas, são especialmente perigosas, pois aí se encontram as piores surpresas, sempre em alterações de leis anteriores cujos números não se sabe se estão certos e nem o que querem dizer. Vez por outra ocorrem episódios inacreditáveis na inesgotável arte de legislar por distração através do contrabando, a partir da presunção, repetidamente testada, de que ninguém confere esses números.

Um dos casos mais curiosos foi o de uma revogação que brotou de uma medida provisória no caminho entre a Casa Civil, onde é assinada, e o *Diário Oficial*, onde se dá a publicação. Em dois dias se descobriu que esse dispositivo "extra", através de uma revogação, fazia renascer títulos da dívida pública que vinham da época de Campos Salles e tinham sido prescritos. A medida provisória foi republicada em seguida, sem o contrabando, mas, tecnicamente, a "matéria estranha" esteve em vigor durante 48 horas e produziu efeitos. E agora? E o autor da feitiçaria? Talvez tenha sido gente ligada ao proponente de uma emenda a outra medida provisória, tratando de privatização, e já no processo de votação para tornar-se lei (a Lei n.9.491/97, em seguida aprovada, depois de 52 reedições), pela qual se

Figura 19. Apólice da dívida pública do empréstimo nacional de 1909, no valor de um conto de réis, que ainda não estava amortizada integralmente em 1967, quando uma lei autorizou o Tesouro a resgatar integral e antecipadamente todos os títulos que, como este, não tinham correção monetária e haviam sido mortalmente corroídos pela inflação. Poucos apareceram para receber: era tão pouco dinheiro que era melhor pendurar as belas cautelas na parede. Com a feitiçaria, contudo, um conto de réis de 1909 passaria a valer R$228 mil em 1998!

concedia a correção monetária retroativa aos papéis antes prescritos.* Ou então aos contratantes de um parecer da Fundação Getulio Vargas, que fazia os cálculos dos valores devidos aos titulares desses papéis, bem como os pareceres de alguns renomados juristas em apoio ao empreendimento.

O fato é que as belas cautelas desses bônus – como o de 1909 (Figura 19) – desapareceram dos camelôs e buquinistas de Paris e da rua da Alfândega,

* O próprio Roberto Campos assinou uma dessas emendas, mas, alertado quanto ao mérito e lembrado de que tinha sido o autor do decreto quem havia estabelecido a prescrição, retirou sua emenda. Outro proponente da mesma matéria, Edison Lobão, manteve a emenda, que não foi acolhida pelo relator.

no Rio de Janeiro, onde eram vendidos por qualquer tostão, junto com as debêntures do canal do Panamá e os empréstimos das ferrovias e *tramways* da Rússia dos czares, e se materializaram em alguns tribunais pelo Brasil.

43. [Segunda Lei da Capital, atribuída a Delfim Netto] Não se vai a Brasília a passeio, ou para elogios.

É cara a passagem e o indivíduo gasta um dia inteiro para ir e voltar, mesmo sem os contratempos de aeroporto, para uma reunião. Quem se dispõe a ir a Brasília para ver uma Autoridade precisa de bons motivos, tal como algum prejuízo causado por norma ou iniciativa recente, ou a demanda de alguma vantagem merecida e indevidamente sonegada. Portanto, em condições normais, são poucos os que vão a Brasília para passear, especialmente em vista das inúmeras atrações da indústria turística – os pacotes espetaculares para a Região Nordeste, o Pantanal, a floresta Amazônica, a serra Gaúcha, os cruzeiros, as praias paradisíacas e os *resorts* de todo tipo.

Sem dúvida, há muita injustiça com Brasília e suas atrações arquitetônicas. Sempre vai ter gente flanando pela Esplanada, admirando os monumentos, como os americanos que vão a Washington olhar a Casa Branca e o Capitólio e adoram quando percebem uma Autoridade de passagem, no pleno exercício da função. Curiosamente, os brasileiros parecem não cultivar esse mesmo fascínio por nossos símbolos nacionais, sobretudo quando são recentes e ainda ligados a gente viva, e especialmente os vivos em excesso. Os cariocas não perdoam o assunto, já antigo, da mudança da capital e o misturam com outros relacionados às finanças públicas, como a tese de que a capital isolada, destituída de povo, instila as mais estranhas sensações em seus habitantes. "Brasília foi o marco da descapitalização (em ambos os sentidos) do país", resumiu Millôr Fernandes.

Mas, frente à dúvida, e tendo em mente a boa prática acadêmica, precisaríamos de uma verificação empírica da lei acima enunciada mediante pesquisa conduzida dentro dos aviões que transitam por Brasília, ou nos hotéis, sobre os motivos da viagem. As respostas provavelmente indicarão a existência de uma imensa quantidade de turistas, mesmo entre os que estejam engravatados, o que poderá invocar a aplicação do Axioma de House (n.5), sobre a indisposição crônica do ser humano à sinceridade.

A verdade é que, na totalidade ou em grande medida, faz pouca diferença: as pessoas vão a Brasília em busca de seus próprios interesses e com esse espírito vão visitar as Autoridades para reclamar, quebrar galhos, resolver problemas. A Autoridade nunca recebe uma visita ou um elogio desinteressado; quem se daria o trabalho de ir tão longe para uma homenagem gratuita?

44. [Princípio do Autoengano] Toda vez que as Autoridades se reúnem e concordam que o governo tem um problema de comunicação é porque os rumos da política econômica devem ser seriamente repensados.

Talvez seja o isolamento, ou a convivência com aduladores e torcedores apaixonados, mas o fato é que a Autoridade está sempre cercada de pessoas com visões muito positivas sobre o que o governo faz, mesmo que suas ações sejam as piores possíveis. A presença de bajuladores nas cercanias dos poderosos foi definida por Maquiavel como "uma peste". Seu conselho, todavia, é sestroso: "Um príncipe não tem outro modo de esquivar-se de adulações senão fazendo os homens entenderem que eles não o ofendem dizendo-lhe a verdade; porém, se todos lhe disserem a verdade, lhe faltará a reverência devida."

Entretanto, Maquiavel não teve que se preocupar com a imprensa, em torno da qual e de suas relações com o poder talvez precisasse escrever um compêndio inteiramente novo. Em razão da posição crucial que a imprensa ocupa na relação entre os poderosos e o mercado, de que tratamos anteriormente a propósito do modo como o aplauso iguala os governantes (n.1, Princípio da Convergência), os círculos próximos aos soberanos estão sempre dominados por especialistas em mídia e comunicação. Na grande maioria das vezes, quando a imprensa publica alguma coisa negativa sobre o governo, a explicação tem a ver com a incompreensão do jornalista. Ou às dívidas do dono do jornal, e o modo como a publicidade oficial traz alívio para o problema. Estultice ou conspiração. Quando as notícias negativas se repetem e as pesquisas de opinião se mostram sistematicamente negativas, a tendência continuará sendo a de atribuir o problema à espetacular capacidade da oposição de vender o seu peixe de forma mais convincente que o governo.

O Palácio sempre parece trabalhar no reino da fantasia, uma terra estranha, compreensível apenas aos publicitários e marqueteiros, os únicos que dispõem da autoridade autoconferida para "explicar" o que se passa. Esses profissionais costumam alijar completamente os técnicos das discussões sobre a popularidade do governo, como se o mérito ou a qualidade da administração da coisa pública, e da economia em particular, nada tivessem que ver com a imagem do governo e com o que sai na imprensa. Como os marqueteiros acham que os presidentes são criaturas manufaturadas por publicitários, entendem que seus problemas serão sempre de comunicação, ou de relacionamento com os barões da mídia, e nunca de substância.

Diante dessa distorção, fica parecendo sumamente inteligente, e por isso ganhou fama, a observação nada mais que acaciana de um marqueteiro americano, James Carville, a propósito da estratégia de campanha do candidato Bill Clinton às eleições presidenciais americanas de 1992: "É a economia, estúpido."

O que mais poderia ser?

45. [Lei de Bismarck ou Paradoxo da Invisibilidade] O processo decisório deve ser invisível, mas o anúncio precisa ser transparente e destituído de qualquer ambiguidade, vedada qualquer forma de improviso.

Parágrafo único. Reuniões sobre coisas decididas mas com minorias insatisfeitas não devem acontecer.

Um exemplo marcante desse paradoxo se observou nos primeiros meses de vida do Copom: enquanto se discutia o detalhe conveniente para a publicação da ata da reunião e se a divulgação teria defasagem de uma semana, três meses ou cinco anos, o senador Eduardo Suplicy propôs que as reuniões fossem transmitidas ao vivo pela TV.

Mais recentemente, a Lei n.12.527/11, que regula o direito constitucional de acesso à informação, suscitou debates semelhantes. Especialmente em vista da decisão do BCB de modificar o regulamento do Copom, a fim de divulgar os votos nominais de cada membro do colegiado e também estabelecer o prazo de quatro anos para a publicação de apresentações, exposições e documentos utilizados na reunião do comitê.

Esse saudável movimento na direção da transparência, todavia, levou ao debate sobre a publicidade que se deve dar não apenas a documentos, mas ao processo decisório, seja nas reuniões do Copom ou em tantas outras que ocorrem em Brasília. Para muitas dessas reuniões, vale a clássica observação do célebre "Chanceler de Ferro", o mais importante estadista alemão do século XIX, Otto von Bismarck (1815-1898), sobre a inconveniência de se inspecionar muito de perto o método exato pelo qual são feitas as leis e as salsichas (Figura 20).

Essa sabedoria está baseada no simples fato científico de que um órgão colegiado funciona melhor na ausência de plateia, e a expressão mais refinada dessa ciência é a famosa "Regra de Chatham House", amplamente utilizada nos mais variados contextos mundo afora.

A regra foi criada em 1927 no âmbito do Royal Institute of International Affairs, famoso *think tank* britânico criado em 1919 pelos membros ingleses e americanos das delegações de ambos os países para a Conferência de Paris, que deu fim à Primeira Guerra Mundial após o Tratado de Versalhes. Chatham House é o endereço do instituto, que se tornou uma sólida referência internacional para debates de grandes questões geopolíticas, e a famosa regra talvez explique parte desse sucesso.

A regra é clara: os participantes da reunião são livres para utilizar a informação que obtiveram nas reuniões, porém, *sem atribuição nem identificação dos presentes*. A regra pretende incentivar a abertura, a sinceridade, o desejo de compartilhar dúvidas e testar novos pontos de vista sem que os indivíduos comprometam sua reputação nem a das instituições a que estão

Figura 20. Otto von Bismarck, o grande chanceler alemão do século XIX. Não se sabe ao certo se ele realmente disse ou pensou: "Leis, como salsichas, deixarão de inspirar respeito na proporção em que sabemos como são feitas."

afiliados. Caso houvesse publicidade, as discussões no instituto perderiam a relevância, e também seus participantes, pois a entidade seria apropriada pelo oficialismo.

Nada disso contradiz o mandamento da transparência a que deve estar submetido o ato administrativo, inclusive porque a lei assim o determina e a democracia o exige, talvez com mais vigor de Autoridades não eleitas. O problema é o de resguardar o processo decisório e o que ele deve conter, necessariamente, para ser eficaz: reflexão, especulação, dúvida, conjectura, insegurança e, às vezes, algum debate ríspido com maus modos. Se não há a privacidade necessária para o livre pensar e se o colegiado está permanentemente na vitrine, seus participantes vão para o extremo oposto da regra de Chatham House, ou seja, prevalecerá o fenômeno "jogar para a torcida". Por isso, idealmente, a fabricação das medidas deve ser invisível, e sua divulgação, bem como os documentos em que se apoiam, cercada da mais absoluta transparência quanto a suas motivações, seus méritos e potenciais efeitos.

Em outras áreas, como na diplomacia, os limites da invisibilidade já estão bem sedimentados. Os estudantes do Instituto Rio Branco devem aprender no primeiro ano que as reuniões entre chefes de Estado, por exemplo, cujo anúncio antecipado é inevitável, devem ter uma pauta, uma ata, tratados e acordos, comunicados à imprensa, tudo pronto e ensaiado com bastante antecedência. As grandes autoridades só aparecem mesmo na hora da foto. Pois bem, embora essa rotina seja sempre desancada e todo mundo reclame de anúncios já combinados e destituídos de qualquer surpresa ou emoção, há tumulto quando isso não ocorre. Parecendo assumir uma postura vingativa, a imprensa sempre noticiará encontro inconclusivo ou envolvendo debates com manchetes garrafais do tipo "Fracassa reunião entre A e B" ou "Divergências marcam reunião". Quando tudo funciona conforme o script, os jornais não costumam dar nada, pois tudo já era sabido, inclusive a repercussão. A notícia, na verdade, praticamente se resume aos bastidores e ao inesperado, matérias que, por definição, nunca se consegue controlar inteiramente.

46. [Lei do CMN 1, O Agrado Obrigatório ao Governador] Em toda reunião do CMN sempre haverá um voto* para estender prazos, em geral de dívidas com o Erário, com a ressalva obrigatória de que será a última vez, conforme constava do adiamento anterior.

Houve um tempo em que o orçamento público tinha pouco significado e a maior parte das ações de governo se dava a partir de programas financiados por créditos concedidos pelos bancos oficiais, com recursos cuja

* As decisões do CMN são formalizadas e aprovadas por meio de textos conhecidos como "votos", que são como explicações de duas a duzentas páginas sobre decisões que, em sua versão final, assumem a forma de resoluções.

origem tinha a ver, de um jeito ou de outro, com a inflação. Para ficar em apenas um exemplo ainda muito pertinente em nossos dias: os depósitos compulsórios dos bancos no BCB podiam, e ainda podem, ser transferidos para o Banco do Brasil, que, por sua vez, os emprestava, e ainda empresta, a juros subsidiados para tomadores e para atividades "estratégicas", como reflorestamento, recuperação e fertilização do solo, combate a epizootias e pragas (Lei n.4.595/65, art.4º, IX), entre muitas outras.

Essa era a natureza do que, tempos atrás, chamava-se "orçamento monetário", designação que se deu ao procedimento do CMN para, através da programação monetária, organizar as demandas por recursos desse tipo e sistematizar a sua "disponibilidade" por meio do manejo de empréstimos "direcionados" ou "contingenciados", recolhimentos compulsórios e mecanismos regulatórios de várias ordens. A importância desse orçamento "paralelo" foi máxima durante o regime autoritário e também quando a inflação era elevada, uma vez que muitas dessas "receitas parafiscais" – essa é a definição técnica – eram tanto maiores quanto maior a inflação.

A extinção do "orçamento monetário" durante a Nova República não significou a supressão de alguns de seus principais mecanismos. Na verdade, foi o fim da hiperinflação que retirou a importância desse circuito "parafiscal", que insiste em não perecer, como visto no exemplo referente aos compulsórios.

Outro dispositivo popular, ainda vigente, é o que estabelece limites aos bancos, públicos e privados, para empréstimos a entidades do setor público. É uma das muitas medidas de controle fiscal hoje em vigor, com o intuito de evitar que estatais e governos locais criem déficits e se endividem além da conta. Aqui, porém, as exceções são possíveis e designadas como "excepcionalidades".

Um ministro poderoso ou um parlamentar influente podem capitanear um "voto" que autoriza a execução de uma operação de crédito fora dos limites a fim de atender a alguma urgência. Parece não haver uma reunião do CMN sem que haja ao menos uma nova "excepcionalidade", seja para completar uma hidroelétrica em São Paulo, seja para atenuar os efeitos da "vassoura de bruxa" (praga que assolou os cacaueiros na Bahia

Figura 21. *Crinipellis perniciosa* ou *Moniphthora perniciosa*, fungo que ataca os cacaueiros conhecido como vassoura-de-bruxa. Foi um dos assuntos mais comentados no Conselho Monetário Nacional na segunda metade dos anos 1990.

durante anos a fio, a julgar pela quantidade de votos no CMN), sempre com a interveniência de um governador – e não há como evitar. É comum que as diversas "excepcionalidades" anteriormente concedidas sejam prolongadas ou ampliadas, a ponto de se tornarem parte da rotina.

47. [Lei do CMN 2, O Agrado Obrigatório à Agricultura] Em toda reunião do CMN sempre haverá um voto sobre matéria agrícola, acarretando grande ônus para o Erário, trazido de surpresa e "extrapauta": na agricultura só se trabalha com produto fresco.

Uma parte relevante, talvez a mais importante, dos subsídios que o governo concede à agricultura está um tanto oculta nas políticas de crédito rural, que justamente por tratarem de crédito precisam da aprovação do CMN. Durante muitos anos, o ministro da Agricultura teve assento nesse conselho e, portanto, ao menos um de seus membros era capaz de explicar os votos que traziam novas diretrizes e operações de crédito rural. O senador Pedro Simon, que ocupou esse cargo durante certo tempo na presidência Itamar Franco, sempre registra com bom humor que esse foi o período, em toda a sua longa militância em Brasília, em que mais teve bajuladores à sua volta.

A partir de julho de 1994, todavia, o CMN ficou reduzido a apenas três membros, os mais próximos da política monetária, a saber: os ministros da Fazenda e do Planejamento e o presidente do Banco Central. O senador Simon conta que perdeu vários amigos, mas os votos referentes à agricultura continuaram a aparecer repetidamente na categoria das "excepcionalidades" descritas no tópico anterior (n.46, O Agrado Obrigatório ao Governador), uma vez que se tratava de estender crédito de bancos públicos ou de bancos privados a entes públicos, no contexto de uma política de governo da qual não se podia escapar.

Portanto, a agricultura acompanha as deliberações do CMN com uma atenção que contrasta totalmente com a ausência de recíproca dos participantes habituais das reuniões do CMN, pois, em geral, ninguém entende nada de agricultura e tampouco tem o menor interesse em aprender. O ministro da Fazenda sempre pede que alguém de sua equipe apresente o voto, entre bocejos, conversas paralelas e gracinhas provocadas por termos como "algodão peralta" e coisas do tipo. Diante desse desinteresse, os votos acabam chegando ao CMN na última hora, fora da pauta e sem tempo para que possam ser estudados, provocando invariavelmente a reprimenda do ministro da Fazenda sobre a imperiosa necessidade de os votos transitarem previamente, com folga de tempo, pelos órgãos competentes. A piada que sempre se segue explora o aspecto literal da fala ministerial: os órgãos incompetentes ficam dispensados de estudar o que não entendem.

48. [Princípio da Perversidade dos Pactos Sociais] Toda negociação com agenda definida apenas pelos atores que se apresentam para conversar, ao alcançar decisões consensuais com impactos econômicos relevantes, gerará benefício para os participantes em detrimento de quem ficou de fora.

Onipresente em incontáveis instâncias decisórias em Brasília, este importantíssimo princípio se manifesta empiricamente na esmagadora maioria das decisões e acordos em que não se observam vetos, tampouco minorias descontentes. Aparentemente, os interesses contrariados estariam excluídos do foro encarregado da decisão com muito mais frequência do que deveria ser o caso.

Nelson Rodrigues estava errado; as unanimidades, pelo menos na administração pública, nada têm de burras. A lógica, nesse caso, parece o óbvio ululante a quem acompanha a maior parte das decisões importantes em políticas públicas: como elas envolvem os chamados "interesses difusos", de categorias desorganizadas e sem representantes, é fácil fechar acordos nos quais a conta é espetada nesses grupos, de forma diluída, como em certos "princípios ativos" dos remédios homeopáticos, venenos preparados em soluções tão ralas que nem se percebe seu sabor. "As coisas de interesse de todos não interessam a ninguém", resumiu Millôr Fernandes.

O problema que temos aqui – minorias que exploram maiorias – é clássico na ciência política e tem raízes intelectuais nos estudos do sociólogo americano Mancur Olson, pioneiro de uma fronteira fundamental entre economia e sociologia política conhecida como "escolha pública" (*public choice*), de onde saiu pelo menos uma premiação com o Nobel de Economia (James Buchanan, 1986).

No mundo das políticas públicas, é rara a negociação em que todos ganham (os economistas as designam, no seu idioma, como "jogos de soma positiva"), e ninguém repara nelas, pois são como as refeições gratuitas: nas situações em que os dois lados têm a ganhar, as decisões nunca se apresentam como problemas, visto que as partes se resolvem sozinhas. Governos, autoridades, reguladores, juízes e Parlamentos existem justamente para o que os economistas chamam de "jogos de soma zero", ou de "soma negativa", ou seja, situações nas quais o ganho de um é a perda do outro, ou pior.

Essa terminologia vem de uma vertente da economia conhecida como "teoria dos jogos", um campo que já produziu oito laureados com o Nobel, entre eles John Nash, imortalizado pela esplêndida biografia escrita por Sylvia Nassar e que veio a se tornar o filme *Uma mente brilhante*, em 2001, premiado com quatro Oscar, incluindo Melhor Filme e Melhor Roteiro Adaptado, entre oito indicações. Quem poderia imaginar que a vida de um economista fosse dar assunto para Hollywood, e de forma tão comovente?

Uma das armadilhas mais recorrentes em "jogos", ou na interação estratégica de grupos sociais, assunto central para a economia, é a da representação. É comum que se queira dar "densidade política" a medidas de políticas públicas envolvendo a sociedade civil através de seus representantes, parlamentares ou dirigentes de entidades de classe. Os problemas já começam aqui, pois nessas entidades há uma verdadeira enciclopédia em matéria de "problema de agência" (ver n.12, A Maldição do Agente ou do Risco Moral), ou seja, de desalinhamentos de incentivos e interesses entre o representante e os grupos que alegam representar. Por isso mesmo o mais comum é que essas entidades não sejam levadas a sério, exceto quando a distorção se torna exatamente o ângulo a explorar.

Pois bem: é nesses foros, supostamente mais "democráticos", ao menos na aparência, que os problemas apontados pelo princípio exposto neste tópico se agravam. Conquanto as partes assim reunidas efetivamente representem *alguns* dos interessados, invariavelmente *falta alguém* que será afetado pelas combinações do grupo. Como na quase totalidade dos casos de decisões de políticas públicas o jogo é "de soma zero", segue-se que a parte ausente sempre leva chumbo. Os presentes defendem o seu lado e os ausentes não são ouvidos.

No Brasil, de resto como em qualquer parte, portanto, o "terceiro ausente", geralmente uma maioria desorganizada, inorgânica, inconsciente e ausente, vai pagar a conta e nem sequer perceber. Adam Smith, em uma de suas passagens mais famosas, dizia que toda vez que homens de negócios se reuniam para conversar, o bem comum estava em perigo.

Os exemplos de patologias sociais decorrentes da operação dessa maldição surpreendem em quantidade e variedade, na micro e na macroeconomia. O mais impressionante deles, no fim das contas, é o oferecido pela própria inflação. Seja quando se diz que ela resulta de "conflito distributivo", seja quando a luta de classes se transfigura em déficit público; em ambos os casos trata-se de transferir a outros o ônus de uma vantagem na corrida entre salários e preços, ou no orçamento público. A inflação termina sendo um imposto sobre os que carregam dinheiro desprotegido por indexação, categoria geralmente sub-representada quer no contexto dos grandes embates sindicais, quer nos debates da Comissão Mista de Orçamento no Congresso Nacional.

Outra família de exemplos do teorema acima exposto tem a ver com um tema popular nos anos 1980 e início dos anos 1990, o "pacto social". Centrais sindicais e federações patronais de representatividade nada mais que simbólica, às vezes organizadas em câmaras setoriais, se apresentavam como "interlocutores" da sociedade civil diante do governo e pleiteavam benesses, de forma a aderir a algum comportamento que nem de longe seriam capazes de estabelecer para seus "comandados". Finalmente, esses episódios acabaram revelando uma curiosa singularidade da luta de classes tal como travada nos trópicos: não se trata do proverbial embate entre capital e trabalho, mas da parte organizada de capital e trabalho, vastamente minoritária, com apoio da burocracia governamental, contra o resto, isto é, contra as maiorias não organizadas, consumidores e contribuintes. Jogos de soma negativa cujo ônus, sob a forma de privilégios e rendas de monopólio (*rents*) a alguns poucos, recaía sobre a maioria muda, a maior vítima do processo inflacionário.*

* Um terceiro exemplo, que merecerá destaque adiante (n.69, Maldição de Mark Twain), é o da política industrial.

49. [Teorema de Hemingway-Gorbachev] Todo governante reformador está condenado, com o tempo, a um desgaste progressivo e irreversível: acumulará como inimigos um número crescente de minorias ressentidas e não terá a gratidão das maiorias beneficiadas, as quais serão incapazes de perceber que a melhoria em seu padrão de vida se deve aos reformistas.

Tal como o princípio anterior, esse teorema pode perfeitamente ser visto como maldição. Gorbachev, o maior reformador do século passado, foi o homem que conseguiu completar a transição para o capitalismo e operar a desintegração da União Soviética em diversos países complicados, muitos em seriíssimas crises econômicas, sem que isso provocasse uma guerra civil ou mundial com armas nucleares e químicas. Esse homem, ao final do processo, viu-se dilacerado pelo próprio sucesso, tantos os inimigos que acumulou.

A despeito do Prêmio Nobel da Paz em 1990, Gorbachev teve dificuldades para organizar sua vida em torno da fundação que criou para si; é preciso lembrar que, para as autoridades honestas, a regra é enfrentar dificuldades financeiras depois que saem do governo. Aqui, aparentemente, não tivemos uma exceção. Em 1996 ele concorreu à Presidência da República, obtendo menos de 1% dos votos. Terminou figurinha fácil no circuito internacional de palestras; fez sua primeira campanha publicitária para o Pizza Hut em 1997 e, em 2001, outra para a Louis Vuitton, como se vê na Figura 22. Quem poderia imaginar, em plena Guerra Fria, que o destino pregaria essa peça a um ex-secretário-geral do Partido Comunista da União Soviética?

Como é possível que um personagem tão importante e bem-sucedido em sua missão viesse a enfrentar tamanho desgaste na própria terra? O número de beneficiados com suas reformas, tanto na Rússia como nos Estados sucessores e também em países libertados da Europa Central, pode ser contado às dezenas de milhões, talvez centenas, sendo, portanto, imensamente superior ao número de prejudicados, os autocratas do antigo regime, os funcionários do partido, militares e membros da comunidade de repressão na antiga União Soviética. Como explicar que esse homem não seja objeto de reverência e homenagem por toda a região e fora dela?

Figuras 22 e 23. Mikhail Gorbachev (abaixo), aos 76 anos, passeia de carro ao lado do Muro de Berlim para uma campanha publicitária da Louis Vuitton. A legenda diz: "Uma jornada nos coloca face a face diante de nós mesmos." A mesma maleta aparece na foto à direita, de 1997, nos ombros do então presidente do BCB. Na reportagem de jornal ilustrada pela foto, afirmava-se, todavia, que o artefato era incompatível com a função. A "patrulha" é uma das manifestações mais infecciosas da maldição de Gorbachev.

O mecanismo inerente à maldição vai bem além das teorias conspiratórias, das hesitações do personagem ou das habituais elucubrações em torno da divergência entre fatos e versões. Há nesse fenômeno um processo semelhante ao descrito no Princípio da Perversidade dos Pactos Sociais (n.48) e que bem caracteriza a maldição política que incide sobre o reformador: os benefícios das reformas são dispersos, de tal sorte que as imensas populações beneficiadas mal reparam na mudança, cujos efeitos diretos sobre o seu bolso são geralmente muito pequenos. Já para as minorias privilegiadas destituídas de seus feudos as reformas representam a suprema usurpação, o fim de linha para uma existência de benesses imerecidas, a ruína pessoal. De modo que serão combatidas até o último homem, com todas as armas possíveis, altas e baixas, e o reformador será seu inimigo jurado de morte (política ou literalmente mesmo) para todo o sempre.

O contraste entre minorias privilegiadas enfurecidas e maiorias beneficiadas inertes é um clássico do noticiário sobre as reformas. Basta lembrar os brutamontes recrutados para tumultuar os leilões de privatização, de que trataremos adiante, dos sindicalistas que invadem o Congresso para intimidar os parlamentares discutindo a reforma dos sindicatos ou da Previdência e as manifestações públicas e privadas de empresários poderosos contra medidas liberalizantes. O roteiro é sempre o mesmo: demonstrações performáticas, às vezes extremamente violentas, ou liminares arranjadas, encurralando as autoridades encarregadas de executar as reformas, enquanto os beneficiados, os milhões e milhões de consumidores e contribuintes, mal se dão conta do que se passa nem atinam para qual lado devem torcer.

Quando falamos de pactos perversos no tópico anterior, procuramos demonstrar como se dá, e com que facilidade se faz, a *construção* de um privilégio. Com relação às reformas que *destroem* esses privilégios ocorre processo semelhante, porém na direção contrária: as minorias militantes e organizadas, com estratégias bem montadas de comunicação e no plano judicial, crescem e machucam impiedosamente o reformador, diante da inocente indiferença dos beneficiados. Não são frequentes os casos de reformas em que a maioria percebe com clareza as melhorias por elas trazidas, como aconteceu com o fim da hiperinflação através do Plano Real. Nesse caso, todas as estratégias malignas das minorias prejudicadas falharam a ponto de desistirem de qualquer confrontação sobre o assunto. Já com relação às reformas microeconômicas ou acessórias à sustentação da estabilização – privatização sobretudo –, a briga foi feia e continua roncando.

O sucesso do Plano Real fornece um alento importantíssimo para o reformador e para os candidatos a essa posição, mas também informa sobre os riscos. Uma grande vitória constrói um capital que pode ser efêmero diante dos ataques que virão das minorias prejudicadas. Uma imagem especialmente bem achada para a epopeia do reformista é a do enredo de *O velho e o mar*, imortal romance de Ernest Hemingway, invocado no título do teorema. O velho Santiago, depois de vários dias de uma batalha solitária, captura um belíssimo peixe que o tornaria um herói em sua comunidade. O peixe era tão grande que teve de ser amarrado ao lado do barco, e durante o longo caminho de volta ao porto – a luta o havia levado para muito longe de casa – os tubarões vão lentamente devorando toda a carne do prodigioso peixe. Santiago retorna a seu vilarejo apenas com o esqueleto de sua extraordinária conquista, como se tivesse sido ele próprio consumido na travessia.

A imagem serve para ilustrar uma espécie de vitória de Pirro, que – a despeito da destreza, do heroísmo e do imenso benefício trazido à comunidade – mal é notada, ou é vista como fracasso político. Diante dessa perspectiva, o reformador sábio adotará enormes cautelas no sentido de isolar os perdedores e caracterizá-los diante da opinião pública como inimigos do povo, mesmo que haja aí considerável exagero. Os tubarões têm de ser mantidos a distância. É essencial para o reformador que a maioria muda perceba que privilégios descabidos, e mesmo imorais, reais ou imaginários, estão sendo destruídos, pois de outra maneira ela não se daria conta dos efeitos benfazejos da reforma. E sem que a maioria se movimente, as minorias vão destruir o reformador antes que ele cumpra a sua missão.

É longa a lista dos reformadores fracassados, dos quais sequer se ouve falar, já que são abatidos antes de qualquer vitória, e dos que foram devorados por tubarões no caminho de volta, incapazes de derivar qualquer dividendo político ou justa recompensa por parte daqueles que beneficiaram.

Finanças públicas

Sonhos e ilusões, o público e o privado

50. [Lei do Cão] O dinheiro da Viúva não tem dono.

Muitas doutrinas de boa aparência e reputação aparentemente ilibada foram construídas sobre essa simples e perigosa ideia, cujo patrocínio é atribuído de forma involuntária a John Maynard Keynes (1883-1945), o genial economista inglês, pai da macroeconomia moderna. Será sempre instigante especular sobre as razões pelas quais o pobre lorde Keynes – um grande herói do establishment, que, com orgulho, dizia que a luta de classes o encontraria convicto ao lado da burguesia educada – se tornou um objeto de apropriação indébita por parte da heterodoxia inflacionista brasileira e latino-americana.

Talvez tenha sido a linguagem incendiária em sua diatribe contra "os clássicos" que contagiou sucessivas gerações de jovens economistas propensos a nadar contra a corrente, ou sua posição de "pensador independente" com respeito ao Tratado de Versalhes e as reparações de guerra aí impostas à Alemanha. Mais importante do que isso, todavia, é a força de uma única ideia revolucionária, talvez mesmo herética e tão simpática aos políticos brasileiros: a tese segundo a qual, *em certos momentos*, o gasto público feito de forma improdutiva e irresponsável *pode ser* a cura milagrosa para uma economia em depressão.

Era uma ideia arrebatadora, não inteiramente nova e jamais levada muito a sério, que servia, porém, como explicação para o sucesso de diversos programas de recuperação do emprego a partir de obras públicas, ou de rearmamento, no início da década de 1930. Em seu livro mais famoso, de 1936, Keynes falava em abrir buracos para depois tapar, ou construir pirâmides, exemplos de formas estúpidas de gasto público, indiscutivelmente improdutivo, como no caso das atividades voltadas para a guerra, mas que, *naquelas condições excepcionais*, serviram para recuperar economias deprimidas.

Hoje se aceita com naturalidade que os Estados nacionais participem ativamente da determinação da demanda agregada, via aumento e redução de seus gastos, de modo a regular o nível de emprego, uma grande lição aprendida com Keynes. Esse ensinamento, entretanto, não cancela a importância da política monetária e da inflação, nem afasta o mandamento, amiúde esquecido, de que as políticas anticíclicas devem funcionar nas duas direções, e, sobretudo, não nos livra da pergunta fundamental que deve ser respondida sempre que é necessário ou conveniente elevar a despesa pública: *de onde vem o dinheiro?*

Eis aqui a fronteira que separa os homens das crianças, ortodoxos e heterodoxos, metalistas e papelistas, gregos e troianos nos assuntos de finanças públicas: a origem do dinheiro.

Para o típico político brasileiro, cujas ralas noções de economia se constroem a partir de emanações geralmente deturpadas de ideias desenvolvimentistas (já meio duvidosas nos assuntos monetários), o problema de achar o dinheiro para executar gastos de interesse de suas comunidades simplesmente *não lhes pertence*. Essa postura se radicaliza a partir da ideia de que a ação dos políticos é redentora e, portanto, o bem que fazem não tem preço, e por isso é sempre barato mesmo quando superfaturado. Tudo se passa como se houvesse uma fonte brotando do solo, uma riqueza real ou simbólica inesgotável, uma pródiga mina de ouro ou poço de petróleo, quem sabe uma gaveta mágica na mesa do ministro da Fazenda, ou simplesmente uma viúva milionária, tola e disposta a assinar qualquer cheque que lhe for solicitado, e com a bênção de Keynes. Nossos políticos olham para o Brasil como se fossem colonizadores proprietários de sesmarias e titulares do direito de esgotar os recursos da terra em seu benefício. Não há problema em sacar contra o futuro, pois este se situa após o término do mandato.

Inexiste no Brasil, como personagem relevante na esfera política, uma criatura comum nos países de clima temperado e atmosfera liberal conhecida como "dinheiro do contribuinte", ou seja, o conceito de que o dinheiro que financia o gasto é subtraído de forma consentida da mesma comunidade que dele se beneficia. Nessas regiões, guerras e revoluções tiveram lugar em torno dessa criatura, ou, mais precisamente, em torno da tese de que o dinheiro do governo pertence ao contribuinte e não ao rei nem à natureza. Não é bem o que temos aqui. Nossa Independência nada teve a ver com uma revolta contra obstáculos à iniciativa privada, nem contra impostos degradantes para financiar gastos absurdos de uma monarquia perdulária e de uma potência colonizadora. Em 1822 o que tivemos foi um *arreglo* segundo o qual os impostos extorsivos e o parasitismo do Estado passaram a ter um novo síndico, um imperador que era nosso, mas também o herdeiro do trono português, para cujo assento acabou retornando. Nosso país nasceu com um governo que encarava o dinheiro dos brasileiros como de "terceiros", como se continuassem "colonizados" dentro de seu próprio país, "desterrados em sua própria terra", para usar a expressão consagrada de Sérgio Buarque de Holanda.

51. [Princípio da Equivalência Ricardiana] Não existe gasto público sem imposto ou calote, ontem, hoje ou amanhã.

David Ricardo, um dos fundadores da ciência econômica, morto em 1815, foi dos que mais trabalharam para que a economia ganhasse a reputação de ciência lúgubre (*dismal science*). O proverbial pessimismo dos "economistas clássicos" teve em Ricardo uma contribuição comparável à produzida pelas famosas previsões agrícolas e populacionais catastróficas do reverendo Thomas Malthus, e boa parte desse impulso talvez esteja relacionado com o sombrio e implacável vaticínio contido no enunciado do princípio acima.

A ideia da "equivalência" surgiu na discussão sobre como financiar a guerra contra Napoleão, e a dúvida seria a mesma se o objeto fosse a origem dos recursos para um programa de investimentos públicos de infraestrutura: dívida ou impostos?

Para Ricardo, e na presunção anglo-saxônica de que o Estado, ao longo de sua existência, há de pagar tudo o que deve, ou de que o orçamento público deve ser equilibrado quando visto de forma *intertemporal*, a resposta possuía algumas tonalidades malthusianas: trata-se de escolher se os impostos serão maiores *hoje ou no futuro*, portanto, apenas uma questão de preferência intertemporal. A dívida pública hoje é o imposto de amanhã, e não há como escapar disso se vamos lutar numa guerra ou migrar para um nível mais elevado de gasto público.

Felizmente, todavia, o mundo oferece mais alternativas do que os economistas clássicos estavam dispostos a considerar. Na infância da disciplina talvez houvesse uma necessidade maior de transformar perigos e *trade-offs* em inevitabilidades, a fim de, através do medo, despertar a atenção dos soberanos para os conselhos dos economistas. Diante dessa pequena armadilha, os poderosos aprenderam duas importantes lições sobre o pessimismo endêmico dos clássicos. A primeira, de natureza metodológica, tem a ver com o modo de se lidar com esse novo e estranho profissional, e resume-se a uma conduta muito simples: sempre procurar uma segunda opinião, preferencialmente de *outros* economistas.* A segunda lição, pertinente ao mérito, tem a ver com uma inovação revolucionária concebida por financistas e economistas que vinha ganhando espaço na mesma época em que Ricardo estava no apogeu: o papel-moeda.

O mecanismo já era conhecido e utilizado na China bem antes dos relatos entusiasmados de Marco Polo no século XIII, mas a reinvenção do papel-moeda na Europa se observa no início do século XVIII em diversos episódios de euforia e pânico, todos instigantes e assustadores. As complicações monetárias da Inglaterra e da França chamaram a atenção de um observador bastante singular do outro lado do canal da Mancha:

* Teremos muito a dizer adiante sobre essa importante descoberta quando tratarmos do vezo dos poderosos (ver n.56, Lei do Kafka n.1, Comportamento Discrepante) de cultivar economistas de diferentes extrações com vistas a utilizar o mais conveniente para a ocasião.

Johann Wolfgang von Goethe, que viria fazer uso dessas experiências em sua obra-prima, *Fausto*, sobretudo na segunda parte da obra, publicada apenas depois de sua morte, em 1833. É curioso que tenha sido de Goethe a descrição mais rica e interessante da disseminação dessa nova invenção por todo o planeta. Logo no primeiro ato dessa pouco conhecida segunda parte do *Fausto*, cuja ideia central era levar o drama do erudito que vende sua alma ao diabo para o plano social, o diabo aparece na corte de um imperador em dificuldades financeiras e o ensina a fabricar papel-moeda numa noite de Carnaval. Com esse "plano econômico" o reino entra em uma nova era de prosperidade de aparência efêmera.

A época de Ricardo e Goethe é aquela na qual os poderosos percebem que, mais produtivo do que sustentar alquimistas e charlatães empenhados em transformar chumbo em ouro lançando mão de encantamentos, era utilizar economistas profissionais versados na organização de bancos de emissão de papel-moeda, para o qual eram capazes de conceber, ademais, algum "lastro" de natureza imaginária. Era uma nova e perturbadora alquimia com os mesmos objetivos, porém com resultados infinitamente mais concretos. Goethe produziu, assim, uma brilhante alegoria para incontáveis experimentos, nos mais variados contextos e geografias, nos quais os soberanos descobriram os poderes envolvidos no domínio dessa extraordinária inovação.

É claro que o Brasil está entre os que mais abusaram dessa mágica entre todos os países deste planeta, e o apogeu da intoxicação com a nova droga se observa precisamente nos 182 meses iniciados em abril de 1980, quando o país acumulou 20.759.903.275.651% de inflação, números comparáveis aos da Alemanha de 1923, o mais colossal de todos os casos de hiperinflação.

O leitor não deve perder de vista que essas tragédias monetárias começam com alguma tentativa de "drible" na equivalência ricardiana, na presença de guerras ou não, que traz vantagens para o Estado transgressor, ao menos no início. A inflação funciona como um "calote" a favor do Estado, mas de forma cotidiana, continuada e sutil, tanto que na maior parte dos casos substitui com imensa vantagem o calote aberto, sempre insultante e contencioso.

FIGURAS 24 E 25. Alemanha, 1923 (à esquerda); Brasil, 1986: carrinhos cheios de nada. Em assuntos monetários, o crime não compensa.

Calotes declarados são raros; mesmo um devedor reconhecidamente malcomportado para os padrões internacionais como o Brasil registra apenas nove episódios de calote em nossa *dívida externa* – a que é contraída junto a não residentes e denominada em moeda estrangeira – nos 170 anos posteriores à nossa Independência. A despeito de os compêndios históricos nos colocarem entre os "caloteiros seriais", isso não é nada comparado ao que fizemos com a *dívida interna*, contra nossos próprios cidadãos, e com a ajuda da hiperinflação, inclusive para ocultar a natureza da expropriação que esta produz. Ainda está para ser corretamente estabelecido o tamanho, para não falar do escopo e da natureza, das perdas causadas a credores do Estado de nacionalidade brasileira decorrentes da incontável variedade de maneiras pelas quais a inflação, com a ajuda de confiscos, empréstimos compulsórios e afins, transferiu riqueza para o Estado, assim agredindo não apenas Ricardo, mas principalmente a cidadania.

Qual a moral dessa história?

Será verdade que o nobre David Ricardo deve se render à malandragem brasileira e que inventamos uma espantosa multiplicidade de novas formas de contornar a sua sombria equivalência, ou concebemos uma metodologia para que o Estado viva sempre e sistematicamente além de seus meios, levando vantagem sobre seus cidadãos?

Na verdade, *a conclusão é exatamente oposta*. A reincidência, quando se trata da má-fé do Estado contra sua própria gente na gestão de seu endividamento, destrói o crédito do Estado e o afasta de seu povo. Ficam, assim, enfraquecidos os laços que unem Estado e sociedade, pois a confiança é a moeda da democracia. Chegamos muito perto desse precipício do qual outros efetivamente despencaram: países podem fracassar, como refletia a jornalista Miriam Leitão, assustada, ao final de seu livro sobre "a longa luta de um povo pela sua moeda".[1] Quantas nações foram obrigadas a adotar a moeda de outro, o dólar, por exemplo, diante da inépcia continuada e irrevogável de suas Autoridades e instituições para gerir o próprio dinheiro? E a que custo? Que pode haver de mais vergonhoso para um país do que ver seus cidadãos extinguirem, de caso pensado, algo tão importante para a identidade nacional, tanto quanto a bandeira e o hino, devido à indisciplina fiscal e monetária de seus governantes?

52. [Lei Geral do Contingenciamento] O Orçamento Geral da União conterá todas as aspirações nacionais, mas como as possibilidades são muito limitadas, o secretário do Tesouro, ouvido o presidente, vai liberar dinheiro seletivamente, a fim de realizar os sonhos da nação que a conveniência política indicar.

Esta palavra de terrível aspecto, "contingenciamento", pérola do jargão parlamentar, provocou forte impressão no poeta Carlos Drummond de Andrade em uma rara crônica sobre assuntos de economia: "Em defesa do professor (Eugênio) Gudin",[2] o decano dos economistas liberais no Brasil. Com o intuito de exaltar a prosa de boa qualidade de Gudin, o poeta debruçou-se sobre o texto de uma portaria interministerial em que havia a expressão "operacionalização do contingenciamento" e exclamou:

– Que bicho é esse, evadido de que reserva léxica?

A aversão ao economês, frequentemente válida também para os fenômenos que descreve, já foi tratada extensamente, a propósito da correlação positiva entre a inflação e a feiura do idioma, especialmente a parte concebida e utilizada pelos economistas (ver n.24, Teorema do Esquimó). Não surpreende, portanto, que o poeta se insurja contra o "pedantismo do economês". Para Drummond, Gudin, "mestre da arte de pensar bem e falar claro", não era responsável pelo fato de a economia ter se tornado, no Brasil, "uma espécie de ciência da confusão". E seria incapaz de escrever uma portaria com esse tipo de linguagem ou "cometer a perversidade" de advertir o funcionário responsável pela execução:

– Olhe o contingenciamento, hem? Fique de olho na operacionalização e não se esqueça da numeração sequencial dos certificados.

Gudin responderia ao poeta arriscando versos (Figura 25), mas nenhum dos dois viveria para ver o contingenciamento se tornar o vocábulo mais relevante da vida orçamentária da nação, trazendo distorções e prejuízos que vão bem além do idioma, e tudo começa no orçamento.

Nada é mais revelador do caráter de uma nação, e de suas leis secretas e perversões, do que o seu orçamento público, documento que sintetiza as formas pelas quais a coletividade aufere as suas rendas e estabelece suas destinações. As Constituições podem ser documentos mais importantes, mas dispõem apenas sobre princípios fundamentais e valores maiores e raramente descem ao enfumaçado tombadilho inferior, onde marinheiros suados e sujos de graxa mantêm as finanças públicas em funcionamento regular.*

No Brasil, o orçamento público é uma relação de sonhos amparada por uma construção contábil engenhosa com vistas a fomentar duas crenças falsas: a de que há *algum* equilíbrio entre receita e despesa e a de que todos os sonhos expressos como despesa são possíveis. Verifica-se nesse terreno, portanto, a absoluta prevalência do sonho sobre a realidade de que nos falou Vargas Llosa (n.37, Da Transferência de Culpa), a propósito do realismo fantástico e de bodes expiatórios.

---

* Nossa mui detalhada Carta Magna oferece uma pequenina exceção: eis que os 25 artigos dedicados ao tema (Título VI, Da Tributação e Do Orçamento) são maiores, em número de palavras, do que o texto integral de algumas Constituições de outros países menos prolixos. Mesmo assim, o que oculta é bem mais importante do que revela.

Carlos Drummond de Andrade

EM DEFESA DO PROFESSOR GUDIN

Aplicação excessiva

De Mestre Gudin, preclaro,
ouvindo a nova lição:
"Nem tudo pode ser claro,
um pouco de confusão

talvez seja bom no caso",
uns discípulos diletos,
atentos, não por acaso,
legarão a nossos netos

um grama, não: toneladas,
em majestosa expansão,
de camadas e camadas
de insondável confusão.

FIGURA 26. Drummond publica em sua coluna do *Jornal do Brasil* os agradecimentos do aplicado Gudin, que foram feitos em versos. (22 jul 1976)

O orçamento público no Brasil tem como princípios ordenadores, em primeiro lugar, o primado do gasto, o remédio para todos os males, e, em segundo, a nossa proverbial cordialidade, que se manifesta através do preceito pelo qual a inclusão no orçamento se assemelha à concessão da cidadania, direito de todos, obrigação do Estado.*

* Nossa enxundiosa Constituição, na afiada descrição de Roberto Campos, aguçou essas tendências, conforme o seguinte exercício lexicográfico: a palavra "produtividade" aparece somente uma vez e "deveres" apenas quatro, enquanto "garantias", 44 vezes, e "direitos", 76. R. Campos, *Lanterna na popa*, p.1215.

Com esses termos de referência, o legislador houve por bem estabelecer que, do lado da despesa, o orçamento é nada mais que uma *autorização* para gastar, jamais uma obrigação, e a receita apenas uma estimativa muito mais utilitária do que realista, por conseguinte um número com o qual não se tem nenhum compromisso. Nessas condições, a propensão à gentileza fica ainda mais reforçada, de modo a tornar o orçamento apenas uma senha para se avançar uma casa no jogo de obtenção de uma verba pública para a qual não se sabe se haverá receita.

O orçamento deveria tratar de receita, despesa e dívida de forma conjunta, observado *algum* princípio de sustentabilidade fiscal e financeira. A prática, todavia, demonstra uma sabedoria que remonta a Maquiavel: todo e qualquer gasto é sempre pessoal, um favor por parte de uma ou mais Autoridades e parlamentares a um destinatário escolhido com imenso cuidado, cuja gratidão se torna um ativo político, ao passo que os impostos são impessoais e anônimos, criaturas das quais todos querem se afastar. Benefícios concentrados e custos dispersos – um plenário sempre cheio para a bondade e vazio para a receita.

Com essa lógica, os senhores parlamentares autorizam, a cada ano, valores para a despesa sistematicamente irreais, conforme se espera de corações generosos numa terra de tantas carências. E, em conformidade com o princípio segundo o qual há uma viúva rica e tola que há de pagar a conta (ver n.50, Lei do Cão), se recusam a pensar sobre a origem do dinheiro necessário para o resgate da cidadania.

Entretanto, em razão da trágica experiência da hiperinflação, o processo orçamentário foi se adaptando no decorrer do tempo, de sorte a produzir uma lei orçamentária *que se sabe que será apenas parcialmente executada*. Ademais, o cumprimento sempre parcial de suas disposições sabidamente irreais *dará ao Executivo o poder de fazer escolhas arbitrárias*, pelas quais apenas uma porção das nobres ambições da nacionalidade terá a sua verba. A outra porção não será executada, e uma terceira, em geral menor, será executada ao menos em parte e não será paga, ou o será com enorme atraso.

Esse processo de racionamento discricionário de gastos é conhecido como *contingenciamento*, o vocábulo que tanto assustou o poeta e que tantos dissabores e sobrepreços provoca nos fornecedores do Estado.

O contingenciamento consiste na liberação parcial das permissões para gastar, e a parcela liberada varia entre 100% – caso de despesas que não podem ser pagas em parte nem atrasadas, como salários, juros ou benefícios previdenciários – e 0%, conforme ocorre com frequência com os gastos que entraram no orçamento pela via de emendas de parlamentares que passam por momentos difíceis em seu relacionamento com o governo.

Na média, pode-se dizer que a "taxa de execução" para despesas discricionárias era da ordem de uns 40% na época em que foi feita a nossa Constituição, e foi declinando com o tempo. Assim, o primado do gasto e do voluntarismo combinado à cordialidade transformou nosso orçamento numa magnífica ficção, uma espécie de *overbooking* crônico de nossas aspirações, pelo qual se autorizam gastos muito maiores do que a receita permitiria executar. E o déficit já presente no orçamento fica encoberto por um truque beirando o infame: *o endividamento é contabilizado como "receita de capital"*.

Vale lembrar, por fim, que o contingenciamento é um mal necessário porém funcional, já que o racionamento de despesa acaba se constituindo um eficientíssimo sistema de chantagem política na base do que tem sido descrito como "presidencialismo de coalizão". Na verdade, o contingenciamento se transformou num dos principais veículos do clientelismo, ambos evadidos de uma reserva ética em que deveriam estar contidos.

53. [Lei de Sayad] O déficit público é uma constante da natureza: qualquer economia gera gasto, qualquer gasto extraordinário gera pacote tributário.

A trigonometria ensina que em qualquer círculo deste mundo, não importa a persuasão ideológica e o partido do proponente da emenda orçamentária, o perímetro dividido pelo diâmetro é sempre igual a 3,1416, um número complexo, como costumam ser as coisas fiscais, que já foi calculado em 5 trilhões de casas decimais e conhecido pela letra grega π. Tal como no instigante caso da espiral de Fibonacci (Figura 3) e da Primeira Lei do Fundamentalismo (n.10), segundo a qual as coisas sempre podem piorar, é impossível que essas coincidências não tragam alguma pista sobre o comportamento social ou sobre a execução fiscal, não obstante o verso de Alberto Caeiro (Fernando Pessoa): "O único sentido íntimo das cousas/ É elas não terem sentido íntimo nenhum."

A Terceira Lei de Newton* pode ser outro caminho para se entender o fenômeno da constância do déficit: em um orçamento contingenciado, toda variação inesperada da receita gera uma reação dos participantes do jogo orçamentário, de igual força, na direção do gasto.

Para melhor esclarecer o mecanismo, vale recuperar a imagem utilizada no tópico anterior (n.52, Lei Geral do Contingenciamento) e considerar a situação criada pelo contingenciamento como se fosse um *overbooking* em um voo lotado saindo de Brasília, com diversas autoridades numa espécie de fila de espera ou, como é mais comum, em uma aglomeração caótica orientada por tentativas de "carteirada" sobre o indefeso funcionário da companhia aérea. Nessas condições muito encontradiças no cotidiano da capital, a notícia de que a receita tributária ultrapassou os já normalmente inchados valores orçados funciona como a ausência de um dos passageiros com reserva garantida. Chamam-se os passageiros na fila que possuem alguma prioridade, normalmente são vários, que precisam se entender, e na mente dos senhores parlamentares não faz sentido algum a aeronave subir com "superávit de lugares".

De forma análoga e sempre revoltante, se vem a notícia, na direção oposta, de que o avião disponível possui menos assentos, ou a de que alguns lugares terão de ser alocados a tripulações em trânsito, o tumulto aumenta, pois o *overbooking* é maior ainda e alguém terá de ficar em

---

*Terceira Lei de Newton: "A toda ação há sempre uma reação oposta e de igual intensidade."

terra sumamente irritado ou regiamente indenizado. Não há nada que os passageiros possam fazer para aumentar os lugares disponíveis; as considerações de segurança e as instruções *ad hoc* da companhia aérea são soberanas.

A ocorrência de "excesso de arrecadação" em volume relevante, geralmente no contexto de um leilão de privatização, produz a expectativa de que a despesa poderá aumentar automaticamente, sem perguntas e hesitações, pois o dinheiro público existe para ser gasto. E na vigência do regime de contingenciamento descrito neste tópico há sempre uma quantidade grande de sonhos represados aos quais é preciso dar curso.

O princípio sugere que o Parlamento será compreensivo no ano seguinte, quando cessar o aumento temporário da receita, e aceitará que o Tesouro aperte as amarras do contingenciamento e faça sumir o dinheiro para os gastos aumentados no ano anterior. Porém, diversos pesquisadores questionam essa possibilidade e argumentam que, em muitos casos, os aumentos temporários na despesa, tal como parasitas e trepadeiras, criam raízes, porque obras foram iniciadas e não podem ficar inacabadas.

A evidência empírica sobre essa alegada assimetria na lei parece robusta, embora sua observação seja dificultada pelo fato de que a carga tributária tem aumentado nos últimos anos, de modo a reduzir os conflitos na hora de fechar a torneira. Nessas condições, o déficit pode se manter constante *mesmo com gastos crescentes*, fenômeno que produz uma aliança tácita fortíssima entre o Parlamento e os coletores de impostos, a ser tratada a seguir (n.54, Lei Jatene) a propósito da tributação e suas justificativas.

Há muitos anos o resultado primário* das contas fiscais tem estado na faixa de 3% do PIB, número que adquiriu propriedades totêmicas e tem se mantido constante como uma rocha. Quando circunstâncias muito singulares o fizeram encolher, algumas piruetas contábeis foram empre-

* Uma palavra sobre o que isso significa: é a receita menos a despesa, mas sem considerar as despesas com juros e as amortizações de dívida pública. Normalmente a imprensa se refere ao "superávit primário" como "a economia que o governo faz para pagar juros".

gadas para guardar as aparências e salvaguardar a obediência à lei aqui tratada, não propriamente em virtude da Terceira Lei de Newton, mas de contabilidade criativa mesmo.

54. [Lei Jatene] Ao se propor aumento ou criação de imposto, jamais discutir o mérito das questões tributárias; apenas e tão somente o que fazer com o dinheiro arrecadado.

A tramitação do IPMF,* origem da CPMF – imposto ou contribuição ditos "provisórios" sobre movimentação financeira –, capitaneada pelo ministro da Saúde, o famoso cardiologista Adib Jatene, revelou um triste paradoxo que monotonamente se repete no terreno da política tributária: ninguém quer conversar muito sobre carga tributária ou sobre quem paga impostos no Brasil, porém todos querem tratar do que vai ser feito com o dinheiro.

É verdade que diversos políticos gostam de se associar a um projeto conhecido como "reforma tributária", que consiste numa tentativa de consolidar os impostos sobre vendas e valor adicionado, federais e estaduais. Trata-se de empreendimento talvez insolúvel, pois parece prevalecer uma maldição segundo a qual a matéria tributária é tanto mais impossível de progredir quanto mais palavras são usadas na lei que a estabelece. A experiência tende a apoiar a conjectura de que matérias plebiscitárias transitam mais facilmente. A reforma tributária envolve governadores e suas bancadas tentando aumentar a sua fatia no bolo tributário em detrimento dos outros, União ou empresários, os quais gostariam de reduzir a fatia de todos. Não há um centímetro de concordância entre nenhum desses grupos, nem nunca vai haver.

Foi nesse contexto que apareceu o IPMF, em 1994, impulsionado em parte pela ilusão de que poderia ser o primeiro teste para um "imposto

* IPMF: Imposto Provisório sobre a Movimentação ou a Transmissão de Valores e de Créditos e Direitos de Natureza Financeira; CPMF: Contribuição Provisória sobre Movimentação ou Transmissão de Valores e de Créditos e Direitos de Natureza Financeira.

único", e também pelo velho truque de vendagem, segundo o qual são os bancos que vão pagar. Na verdade, esse não é um truque apenas velho; é essencialmente falso: todos os impostos extras impingidos aos bancos, como de resto todos os impostos indiretos, *são sempre repassados às pessoas*. Empresas, sobretudo os bancos, *não passam de veículos*, e essa maldição poderia ser mais bem esclarecida se fosse aprovado um projeto de lei – que há anos anda solitário e órfão pelos corredores do Congresso – que obrigaria a discriminação dos impostos indiretos nos preços. Muita gente ia levar um susto, inclusive os que se irritam com os *spreads* bancários e acham que o governo é menos ganancioso do que os bancos e outras empresas não financeiras. O problema aqui é seríssimo, pois o forte viés a favor da tributação indireta, combinado à falta de clareza sobre quem paga, é a melhor explicação para a espantosa passividade com que a sociedade tolera o crescimento continuado da carga tributária.

Mas, voltando ao IPMF, a experiência se deu apenas durante o ano de 1994, que foi atípico em razão do Plano Real, por conta do qual a renovação do IPMF acabou atropelada. Somente em 1996 o ministro Jatene conseguiu recriar o mesmo mecanismo, porém como contribuição,* a CPMF, porque nesse desenho os recursos ficavam integralmente vinculados a seu ministério. Em paralelo, o Congresso se enamorou desse conceito de "provisoriedade" quando aplicado a coisas de sumo interesse do Executivo, pois a cada dois ou três anos era preciso levar novas oferendas aos senhores parlamentares em troca de uma extensão de prazo. A CPMF foi renovada em três ocasiões: 1999, 2002 e 2004.

A campanha empreendida pelo ministro Jatene na introdução da CPMF marcou profundamente a história dos tributos no Brasil, bem como os debates sobre as renovações, sobretudo no plano conceitual. Como a receita do novo imposto tinha um dono, a Saúde, e seria, em tese, pago pelos bancos, pouca importância foi dada a questões de incidência, regressividade,

* Ambos, impostos e contribuições, são tributos. As contribuições, diferentemente dos impostos, possuem uma destinação específica. As receitas de alguns impostos federais, todavia, são compartilhadas entre a União, os estados e os municípios.

cascata e outras distorções. O mundo se dividiu entre a saúde e a doença, e novamente os partidários do "imposto único", normalmente avessos a qualquer aumento da carga tributária, embarcaram na mesma canoa.

Conforme argumentamos anteriormente, a propósito da constância do déficit (n.52, Lei Geral do Contingenciamento), os políticos gostam que a carga tributária suba sem que possam ser responsabilizados por isso. Jejuno na política, Jatene nada sabia sobre a constância do déficit e estava investido de enorme autoridade derivada de sua legítima revolta contra o contingenciamento de verbas para o seu ministério. Tanto batalhou que colocou o governo na perigosa posição de propor a criação de um novo imposto, embora soubesse que a carga tributária decorrente de outros impostos continuava a crescer velozmente.

Jatene conseguiu o que queria, mas o preço foi o de fazer acontecer logo adiante o que parecia impossível: a cada renovação da CPMF, mais mobilizada se tornava a maioria muda, o popular "contribuinte", em torno dos excessos do fisco. Em dezembro de 2007, mesmo com a popularidade do presidente e a aprovação do governo nas alturas, a renovação da CPMF foi derrotada no Congresso. Como a arrecadação em 2008 cresceu significativamente *mesmo sem a CPMF*, que representava algo como 8% do total das receitas do governo, ficou difícil contra-argumentar.

Mais uma vez o Congresso Nacional festejava a máxima, originada na Secretaria da Receita Federal, de que "imposto bom é imposto velho". Ou seja, impostos cuja arrecadação vai crescendo mais que o PIB a cada ano, de forma discreta e impessoal, sem que os senhores parlamentares tenham de se associar a qualquer iniciativa que não seja fazer o bem através da despesa.

55. [Lei de Giambiagi] Regras limitadoras à conduta fiscal dos governantes são sempre inúteis. Quando os governantes têm boa-fé, as regras são desnecessárias; quando não têm, são sempre contornadas.

Não são muitos os estudiosos das enfermidades fiscais brasileiras, grupo em que se destaca o economista Fábio Giambiagi, o argentino-italiano mais brasileiro que existe, a ponto de se tornar funcionário de carreira do BNDES, instituição insuspeita em assuntos de "conteúdo nacional". Que não paire a dúvida: Fábio nasceu aqui e foi educado na Argentina, o que o tornou ambidestro diante dessas duas realidades tão aparentadas, quase contrafactuais uma da outra.

Entre esses especialistas sempre existiu o sonho de que o Brasil pudesse um dia adotar regras simples no domínio orçamentário e fiscal, alinhadas com as melhores práticas internacionais, que pudessem substituir a mixórdia em que se transformou a execução orçamentária e a multiplicação de "direitos" de várias naturezas e fora de sintonia com qualquer critério global de sustentabilidade. No início dos anos 1990, era popular a ideia de uma emenda constitucional de orçamento equilibrado, à semelhança do que tinha sido feito nos Estados Unidos em 1985, através da famosa emenda dos senadores Phil Gramm, Warren Rudman e Ernest Hollings.

Houve uma janela para isso na revisão constitucional de 1993, no âmbito da qual seria possível votar emendas constitucionais por maioria absoluta em uma única sessão unicameral. Contudo, em face da esbórnia em que se encontravam as finanças públicas, sobretudo no tocante às dívidas de estados e municípios, preferiu-se caminhar na direção contrária e aprovar uma emenda constitucional com o objetivo de fortalecer a capacidade de o Executivo contingenciar despesas, através da revogação de vinculações de receita. Era o FSE (Fundo Social de Emergência), que não era fundo, nem social, mas efetivamente vinha ao encontro de uma urgência, essa sim muito importante. Seu objetivo era fortalecer o controle sobre o caixa e, portanto, turbinar a capacidade do Executivo de frustrar o excesso de demanda sobre recursos fiscais.

Espertamente, o Congresso aprovou o FSE com prazo de vigência determinado, tal como a CPMF, a fim de que o Executivo tivesse de voltar, de tempos em tempos, para renovar o mecanismo e irrigar a base parlamentar. O FSE foi renovado em 1999 com a designação mais adequada de DRU (Desvinculação de Receitas da União), e novamente em 2012, pela segunda vez, para vigorar até 2015.

A moral dessa história é que, diante da dificuldade de se estabelecer regras limitadoras ao nascimento do gasto, o que implicaria ajustar diversos dispositivos da Constituição e entrar de cabeça no vespeiro do orçamento, a decisão mais sensata foi no sentido de fortalecer o controle do caixa. Talvez a própria ideia de regras para ordenar a nossa vida fiscal seja excessivamente impessoal para um país tão cordial como o nosso, sobretudo quando se trata de orçamento.

Em 2000, com a situação fiscal bem mais arrumada, foi possível juntar alguns dispositivos referentes a limitações à execução orçamentária – como limites ao endividamento e às folhas de pagamento – dentro de uma lei mais ambiciosa, a LRF (Lei de Responsabilidade Fiscal). Era um enorme progresso, porém essa encantadora designação estava um tanto além das suas sandálias: a LRF não tocava no orçamento, apenas estabelecia limites que, em muitos casos, não eram relevantes para governantes responsáveis e praticamente não tinha efeito sobre o governo federal. Não foi a LRF que provocou a melhora das contas do governo federal em 1998-99, quando nos alojamos nos 3% do PIB de superávit primário: foi o desejo do presidente.

Ademais, as regras podem estar bem assentadas, mas a sua eficácia acaba dependendo de personalidades. O próprio Giambiagi lembra que, na Argentina, o BC é independente, o que, todavia, não o impediu de praticar uma penca de desatinos fiscais em obediência ao determinado pelo governo. A esse respeito, e em apoio à parte final do enunciado no *caput*, vale a máxima atribuída a Roberto Campos: "O que importa não é que a lei seja forte e sim que a carne não seja fraca."

56. [Lei do Kafka n.1, Comportamento Discrepante] Independentemente dos homens e de suas intenções, sempre que o Ministério da Fazenda se entrega à austeridade financeira o Banco do Brasil (ou o Ministério do Planejamento ou o BNDES) escancara os cofres, e vice-versa.

A primeira e mais instigante das leis de Kafka-Campos surpreende o observador casual pelo apoio extraordinariamente sólido que encontra na experiência histórica brasileira. Era clara na época em que Roberto Campos a escreveu, quando a Fazenda era comandada por Oswaldo Aranha, "ousado, generoso e inflacionista", e o Banco do Brasil era conservador. Parecia presente também nas querelas entre papelistas e metalistas que retroagiam ao Império e nas disputas durante o governo militar, nas quais Campos testemunhou, por exemplo, a longa rixa entre Simonsen e Delfim. E o mesmo se observa em tempos recentes, na arenga entre ortodoxos e heterodoxos, todos sempre presentes no governo, uns à sombra, outros ao sol.

As funções variaram no tempo; quando Campos escreveu seu texto original, em 1961, sequer havia Banco Central, criado somente em 1964. O Ministério do Planejamento, um dos grandes protagonistas do "Comportamento Discrepante", foi criado apenas em 1962. Celso Furtado foi o seu primeiro ocupante e o segundo, certamente remando na direção contrária, foi o próprio Roberto Campos, que lá permaneceu entre março de 1964 e outubro de 1967.

O ministro da Fazenda geralmente faz o papel de guardião do Caixa, o favorito da Viúva. Ele tem sob seu comando a hoje poderosa Secretaria do Tesouro, responsável pelo contingenciamento de gastos, de que tanto já falamos, e a Secretaria da Receita Federal. O presidente do Banco Central do Brasil, agora ministro, normalmente o apoia pela direita, ou mesmo traz para si o ônus de muitas decisões impopulares. O Planejamento, que na verdade é uma secretaria com *status* de ministério, tem se alinhado com a ortodoxia nos últimos anos. No papel do gastador há certo rodízio: o presidente do Banco do Brasil (e os dos outros bancos públicos, destacadamente o BNDES) está, quase sempre, do lado do gasto, onde frequentemente estão os ministros da Agricultura, Indústria e Comércio (hoje, pasta do Desenvolvimento), Transportes, Saúde, Educação e todos os outros.

É normal que haja embates entre os condestáveis que compõem o agrupamento em geral designado como "equipe econômica" e os outros ministérios e autoridades. São como as tensões no mercado financeiro descritas como Lei do Mais Forte (n.6), segundo a qual "o dinheiro manda" (*money talks*) e quem o tem é a área econômica. O que mais intriga, todavia, é entender as razões pelas quais tantos presidentes, em circunstâncias tão diferentes, sempre obedecem à máxima de nomear opostos para dentro da área econômica, como se quisessem incentivar a discórdia – eis o paradoxo.

A explicação é simples: o presidente tem que ter opções.

Mesmo que uma corrente de pensamento tenha predomínio total sobre a política econômica, a corrente rival deve estar próxima, sempre à espreita, vigiando e criticando, não a ponto de gerar crises, mas também não tão discretamente que dê descanso ao adversário. Ambas as vertentes se consideram o alter ego do presidente, embora talvez fosse mais correto pensar que isso é mais verdadeiro para a minoritária. A convivência costuma ser boa, contudo tende a ser fortemente afetada pela temperatura da economia.

É ingênuo pensar que esses embates estão descolados das grandes rixas da política: muito frequentemente, na verdade, se misturam com elas e por isso é difícil evitar os conflitos. O presidente preserva o poder de desempatar, mas, preferencialmente, não quer ser chamado a arbitrar desentendimentos, que sempre se tornam crises. E assim, como nos últimos anos, o ministro "heterodoxo" funciona mais ou menos como a consciência crítica do "ortodoxo". Os presidentes não podem dar-se o luxo de idealismos nesses assuntos, pois o mercado (lembrar Princípio da Convergência, n.1: "O aplauso do mercado iguala todos os governantes") pode lhes exigir um tiro para um lado ou para outro. Portanto, é melhor estar preparado, como um monarca shakespeariano, para livrar-se dos dois. É verdade, também, que todos os presidentes querem ser Juscelino Kubitschek, mas essa possibilidade já não está disponível. A experiência da hiperinflação, bem como o quase pânico de 2002, ensinou-lhes que há limites que não se podem transpor e forças poderosas que é melhor não provocar.

O governo Lula não escapou um mísero centímetro dos mandamentos dessa lei, mesmo ao custo de providenciar certo transformismo em suas Autoridades. As funções começaram a depender menos de seus comandantes. De início, o Banco Central permaneceu isolado, como o Ministério da Maldade, auxiliado pelo ministro Antonio Palocci, médico como o famoso ministro da Fazenda de Campos Salles, o darwinista Joaquim Murtinho, e cristão-novo ao praticar uma ortodoxia compreensiva e paciente, graças à qual estabeleceu-se uma paz armada entre cigarras e formigas, conforme preconizado pelo dispositivo aqui abordado.

Mais recentemente, a Lei do Comportamento Discrepante vive um momento de indefinição: as instituições econômicas e seus comandantes permanecem dentro da mais estrita obediência a seus mandatos e estatutos, porém, diante do risco de desagradar à presidente, ninguém mais discrepa. Nessa configuração, onde todos obedecem, a presidente perde a opção de designar um culpado por erros na condução da economia.

57. [Lei Básica do Banco Público] A função social do banco público é emprestar, nunca cobrar.

Durante anos vicejou esse princípio – derivado de outro mais geral segundo o qual o dinheiro da Viúva não tem dono (n.50, Lei do Cão) –, cuja presença na atividade dos bancos oficiais foi atestada quando o BCB passou a supervisionar regularmente os bancos estaduais e federais, sob a coordenação de seu diretor de Fiscalização, Claudio Mauch, patrono de mais esta lei. Os trabalhos dessas missões fiscalizadoras pioneiras trouxeram revelações inquietantes, ainda que não surpreendentes.

Para inúmeros bancos públicos, tinha-se a impressão de que o cliente era um contratempo, uma interrupção impertinente na distração dos funcionários. O funcionário de banco público trabalhava essencialmente fazendo favores, e havia sempre muita gente interessada, já que a missão social do banco público não era maximizar os lucros do banqueiro, mas fazer o Bem. Com efeito, emprestar para não cobrar, ou cobrar menos, era sinônimo de presentear, ou selecionar privilegiados merecedores desses favores, pois conduziam atividades socialmente úteis e meritórias, a critério do banco e de acordo com diretrizes governamentais.

Essa cultura de generosidade é típica de um *banco de desenvolvimento*, família da qual fazem parte o BNDES, o Banco Mundial e o BID (Banco Interamericano de Desenvolvimento), entre inúmeros outros; são *instituições de fomento*, nas quais um capitalista, geralmente o Estado ou um grupo de países, resolve gastar o seu próprio capital emprestando a fundo perdido ou a juros subsidiados, de tal sorte que, periodicamente, depois de fazer muitas pessoas felizes, o capital precisa ser reposto para que a instituição se mantenha funcionando no mesmo ritmo.

Esse tipo de instituição *não se confunde com bancos comerciais*, que recebem depósitos de terceiros, prestam serviços bancários ao público em geral e não devem se distinguir pela generosidade senão com respeito a seus acionistas. Em contraste, o banco de desenvolvimento é como uma rubrica de despesa no orçamento. As dúvidas sobre sua utilidade são aquelas invocadas quando se trata de políticas industriais seletivas, que abordaremos adiante, a saber, a tendência irresistível a produzir benefícios para quem não precisa (n.69, Maldição de Mark Twain).

Na convivência com outros bancos oficiais, o grande perigo dos bancos de fomento reside na contaminação cultural, pois os bancos comerciais, em nenhuma hipótese, devem engajar-se em atividades de fomento com dinheiro que não é seu, prática que tem a natureza de uma apropriação indébita. Infelizmente, contudo, essa vilania se repetiu inúmeras vezes ao longo de nossa história. Foi sempre muito difícil evitar que os bancos comerciais públicos, sobretudo os estaduais, distribuíssem benesses a ponto de consumir não apenas o seu próprio capital, mas também o dinheiro que lhes foi confiado a título de depósitos.

Nos primeiros anos depois do fim da hiperinflação os efeitos dessas práticas espúrias apareceram de forma contundente: *praticamente todos* os bancos comerciais públicos, federais e estaduais, estavam quebrados ou quase. Era o resultado acumulado de maus hábitos arraigados, ou de muita caridade feita com o bolso alheio. O vício terminava naquele momento e a conta pelos excessos do passado foi depositada onde normalmente vão ter os abusos desse tipo: nos cofres da Viúva.

Para os bancos estaduais foi criado o Proes, com o intuito de financiar o fechamento, o saneamento ou a privatização de vários bancos. O programa reduziu a presença do setor público estadual na atividade bancária de mais de quarenta instituições para apenas algumas poucas, para as quais o contribuinte estadual teve de comparecer com algum capital. Os bancos comerciais federais – Banco do Brasil e Caixa Econômica Federal – receberam grandes capitalizações feitas pelo Tesouro com dinheiro do contribuinte e de seus acionistas minoritários, com vistas a sanar seus prejuízos passados. Não foi a primeira vez, e a julgar pela renovada atividade desses bancos como instrumentos de políticas de governo, não será a última.

Diferentemente do ocorrido até então, o Banco Central dedica hoje aos bancos comerciais públicos um tratamento em tudo idêntico ao dirigido aos bancos comerciais privados, o que faz muita diferença. Em paralelo, as atividades de um banco de desenvolvimento podem ser conduzidas tipicamente dentro de agências de fomento, que existem para utilizar, na íntegra, seu capital para fazer o Bem. Enquanto esses assuntos estiverem separados, os governos estaduais e o federal poderão fazer uso pleno de seu direito inalienável de promover o que bem entenderem com o seu dinheiro, e sem risco de lançar mão do que não lhes pertence.

58. [Princípio das Lágrimas do Privilégio] As privatizações que trazem mais benefícios ao interesse público são as que envolvem mais gás lacrimogêneo.

A privatização está no centro nevrálgico dos debates ideológicos de nosso tempo, mas, em boa medida, seu impulso no Brasil teve sempre a ver com um fenômeno mais rasteiro conhecido pela designação técnica de "captura". A patologia exata da "captura" diz respeito ao "problema de agência", de que tratamos anteriormente, a propósito do desalinhamento de interesses entre o dono do capital e os mandatados para a sua administração (n.12, A Maldição do Agente ou do Risco Moral).

A captura ocorre amiúde com agências reguladoras, porém se dá também quando "agentes" – funcionários, gerentes, diretores, fornecedores e políticos – formam uma espécie de grupo conquistador que se apropria dos destinos da empresa estatal, que não lhe pertence, e passa a administrá-la segundo seus interesses em detrimento da dona, a Viúva.

Em muitos casos, essa doença no Brasil tinha dimensões administráveis, todavia, em outros, e em quantidade bem maior, convertia-se em verdadeira pilhagem. Diversas empresas públicas funcionavam razoavelmente bem, apesar da falta de dono, geralmente sob o abrigo de um monopólio, de regulação eficiente ou pela atuação de um "corpo técnico" bastante protegido e impermeável. No entanto, isso estava longe de ser o caso geral; o mais comum eram empresas deficitárias, capturadas e dominadas por esquemas políticos ou de corrupção.

Durante um bom tempo se discutiu, em tese, se a gestão privada era mais eficiente que a pública no contexto de debates filosóficos de altíssima temperatura, iniciados mais ou menos na época em que Margaret Thatcher e Ronald Reagan estavam no poder empreendendo reformas liberais. Seguiu-se a queda do Muro de Berlim e a revelação dos horrores econômicos existentes no leste da Europa, após os quais o debate sobre privatização se tornou acadêmico, ou melhor, operacional: a questão passou a ser a de *como fazer*, principalmente em vista da complexidade de se privatizar dezenas de milhares de empresas, de padarias a siderúrgicas, como nos casos dos países ex-comunistas, ou de se desfazer monopólios, como nas concessões de serviços públicos, e reinventar a regulação.

Vender empresas públicas combina dois assuntos difíceis e outro talvez impossível. Entre os difíceis estão as tecnicalidades habitualmente envolvidas na avaliação de qualquer empresa e as cautelas próprias ao manuseio do patrimônio da Viúva. A tarefa mais delicada, a terceira, já foi discutida anteriormente, a propósito de bancos com patrimônio negativo (n.30, Segunda Lei das Fusões Bancárias): como vender empresas com prejuízos operacionais, endividamento elevado, contingências não provisionadas e problemas de gestão, portanto, empresas cujo valor é *negativo*?

Uma possibilidade é encerrar as atividades da empresa, opção raramente disponível e muito cara, em especial quando se trata de bancos. Outra é sanear para vender,* em geral assumindo passivos da empresa

* Raramente se cogitou sanear para não vender, pois seria insistir no erro. Alguns governadores o fizeram com relação aos bancos de seus estados, mas tiveram de integralizar

até que seu valor atinja algum número positivo razoável. A grande arte do processo reside na natureza e, mais precisamente, no tamanho desses "ajustes prévios" à venda. Se a Viúva for generosa em excesso ao retirar e indenizar posseiros, parasitas e colonizadores, fomentando assim a sensação de que o crime compensa, gastará uma fortuna colossal, com certeza muito mais do que conseguirá recuperar na venda. É comum que se gaste mais arrumando a empresa do que se recupera na venda, mas é a única maneira de estancar a ferida *e, seguramente, é muito mais barato do que fechar ou do que manter funcionando.* A Viúva procurará ser econômica nos ajustes prévios, e agindo com esse espírito deve deixar insatisfeito o grupo conquistador, que, por sua vez, fará o que puder para dificultar cada uma das etapas do processo de venda.

Se, no entanto, a venda transcorrer de forma tranquila, culminando em um leilão sem contestações, evento raro, os gestores do processo podem perfeitamente se deixar dominar pelo sentimento de que gastaram demais nos ajustes prévios. O normal é que haja muita contestação e que a quantidade despendida de gás lacrimogêneo nos arredores do recinto do leilão, e de medidas liminares para impedi-lo, seja inversamente proporcional às "indenizações" implícitas nos ajustes prévios e diretamente proporcional aos privilégios, ao corporativismo e ao tamanho dos esquemas de captura *ainda existentes* na empresa e que serão destruídos com a privatização.

Em reforço a essa proporcionalidade existe nesse terreno uma combinação poderosa de dois fenômenos já estudados. O primeiro, o Princípio do *Jus Sperniandi* (n.31), de acordo com o qual à parte punida numa iniciativa regulatória não resta alternativa senão antagonizar o fiscal. Os que terão seus privilégios extintos com a privatização, e não receberão indenização para seus "direitos", nada terão a perder ao tumultuar o processo. Em segundo lugar, de acordo com a maldição de Gorbachev (Teorema de Hemingway-Gorbachev, n.49), o mal infligido, ainda que merecido, às minorias privilegiadas resulta num bem muito disperso em maiorias que mal notarão

---

capital na razão da metade das necessidades. O tempo dirá se esse dinheiro não teria melhor uso em escolas e hospitais.

os efeitos da privatização sobre a sua situação individual, por isso não se posicionarão diante do processo e sua apatia dará alento aos baderneiros.

59. [Princípio da Maldição do Vencedor (versão brasileira)] O leilão conserta tudo.

Um método simples, talvez reducionista ao extremo, de enunciar as divergências em torno da privatização consiste em afirmar que tudo se resume ao preço: uns acham que o valor das estatais é dado por um fluxo de caixa descontado, outros alegam que é incalculável.

É claro que se a contabilidade sentimental for adotada, muito provavelmente nenhum acordo será alcançado, como costuma acontecer com os desquites litigiosos. É compreensível, portanto, que nos processos de privatização o "tapetão", relativo ao jogo em si, ocupe uma parcela desproporcionalmente grande do tempo e da energia dos participantes. Porém, quando a partida tem início, ou seja, quando ocorre o leilão, é comum que os resultados desmontem as objeções levantadas no decorrer do processo. Na maioria dos casos os preços surpreendem do lado positivo e 90% das contestações ao processo têm a ver com a acusação de que o preço é baixo. Mas se o preço mínimo já está inchado e o leilão traz uma disputa renhida com ágios cada vez maiores, como defender o argumento de que está havendo doação do patrimônio público?

A explicação para esse fenômeno se relaciona com o leilão, ou, mais precisamente, com um paradoxo que se tornou um clássico da moderna economia da informação conhecido como "maldição do vencedor" (*winners' curse*).

A explicação para a maldição é simples: quando diversas empresas vão fazer lances para adquirir, digamos, uma concessão, para a qual não sabem exatamente qual será a rentabilidade no decorrer do tempo, o normal é que aquela com a avaliação mais otimista vença o leilão. É natural que o valor do negócio esteja próximo da *média* das avaliações, mas nunca é a empresa que faz esse lance que ganha o leilão. Daí a ideia da maldição: *quem ganha paga caro demais, quase sempre.*

A clássica demonstração em sala de aula da ocorrência dessa anomalia consiste em encher uma garrafa plástica de moedas e pedir aos alunos que façam lances para comprar a garrafa. Repetido centenas de vezes, o experimento demonstra que, invariavelmente, o comprador paga mais caro pela garrafa do que seu valor, ou seja, as moedas dentro dela.

É claro que existem comprovações bem mais sofisticadas da maldição e aplicações minuciosamente trabalhadas na configuração de leilões nas mais diversas esferas, passando por venda de licenças de exploração de telefonia, concessões para perfuração de petróleo, aeroportos, entre inúmeras outras. O "desenho de mecanismos" se tornou, entre economistas, uma especialidade de grande valor para quem organiza leilões, pois a maldição para quem compra é a bênção para gestores da venda, em geral os acusados de modo injusto de vender o patrimônio da Viúva a preço de banana.

Diante disso, resta apenas o desalento ao economista que observa o esperneio que se segue habitualmente aos leilões de privatização, sempre em torno da tola presunção de que o preço foi menor do que deveria ter sido. Na prática, o leilão oferece uma espécie de garantia de que, mesmo que os avaliadores tenham subestimado as expectativas do comprador mais otimista (e normalmente ocorre justo o contrário, pois o avaliador quer se livrar das acusações de que está a serviço de alguma conspiração neoliberal), o preço quase sempre vai sair mais elevado do que se imaginava.

60. [Lei de Caldeira-Furtado, Princípio da Socialização das Perdas] O governo é o responsável por tudo que dá errado no país, e também por tudo o que funciona, de modo que sempre deve indenizar os perdedores, cujos fracassos empresariais apenas ocorrem em razão de erros e omissões das políticas públicas.

O sociólogo e historiador Jorge Caldeira, autor de um famosíssimo estudo biográfico sobre o barão de Mauá, a propósito da torcida "contra" o

Plano Real, escreveu uma bela peça sobre a fixação brasileira na ideia de fracasso,* um traço cultural muito antigo cujo apogeu talvez resida no Segundo Império. Essa era uma época em que o sucesso empresarial tinha causas bastante singulares; conforme observa o próprio Mauá, "tudo gira, move-se, quieta-se, vive ou morre, no bafejo governamental". Nesse capitalismo preguiçoso e patrimonialista não há propriamente empresário, risco e empreendedorismo: as empresas são emanações do imperador e, por conta disso, seus acionistas, a julgar pelos que frequentam as crônicas de Machado de Assis, não ligam para os resultados nem para os "divisores" (a administração) e irritam-se com a prestação de contas: "Preste dividendos, são as contas vivas." Este é um país de rentistas, onde dividendos são indistinguíveis de juros sobre a dívida pública, um ambiente no qual o barão de Mauá era a encarnação da subversão.

Esse "vício de origem" de nosso ambiente empresarial jamais desapareceu por completo. O sucesso ainda continua exibindo certa correlação com os bafejos de Brasília, mas pode perfeitamente ocorrer de forma independente. Nesses casos, todavia, há outro obstáculo que se ergue diante do empreendedor, a ideia de que o progresso é sempre "destruição criadora" e por isso o sucesso invariavelmente criará injustiças, cuja reparação passará a ser o motivo da existência de um tipo particular de regulação estatal destinada a promover e assegurar o pagamento de indenizações aos prejudicados. É o que Caldeira definiu como "a indústria do fracasso".

Tudo se dá como se o Brasil fosse efetivamente o Eldorado sonhado pelos colonizadores, e qualquer coisa menos que a fortuna fosse um desaforo para qualquer empresa, pois ninguém deve perder dinheiro em razão do clima, nem de flutuações do mercado, do câmbio, nem mesmo por falta de destreza empresarial. O Brasil é um país tão abençoado que o fracasso apenas pode ocorrer por descuido governamental. O lucro, portanto, é a justa recompensa do esforço empresarial, mas o prejuízo pertence aos

* Isso o levou a Nelson Rodrigues, que, a propósito da Copa do Mundo de 1958, na qual o nosso fracasso era tido como inevitável, proclamou que "o brasileiro é um Narciso às avessas". "Por que somos um Narciso às avessas", *Exame*, 30 ago 1995.

assuntos do governo, que deve assumir a responsabilidade por indenizar os prejudicados pela omissão oficial em ajudar. Assim, cabe ao governo, através de políticas públicas feitas a partir do orçamento, ou de uma agência específica, abrir um balcão para os que tiveram o infortúnio de falhar em seus desígnios empresariais.*

A expressão "socialização das perdas" foi cunhada e amplamente empregada no livro clássico de Celso Furtado *Formação econômica do Brasil*, com o intuito de descrever o modo como, através de desvalorizações cambiais, os custos da falta de competitividade ou dos programas de apoio à cafeicultura eram "socializados", ou seja, pagos por toda a comunidade. A expressão é um achado, pois revela uma forma engenhosa de o governo proporcionar – já que efetivamente controla o nível de taxa de câmbio – uma reparação aos injustiçados sem que tenha de abrir seus cofres. É claro que, como o ônus da desvalorização da moeda incide sobre a totalidade da população, seus impactos econômicos são idênticos aos de uma indenização (ou empréstimo a fundo perdido) aos exportadores com recursos obtidos de um imposto indireto, porém com a vantagem de não envolver as complexidades típicas dos assuntos tributários.

A "socialização das perdas" assume uma infinidade de formatos. Na verdade, a expressão descreve qualquer processo no qual um benefício discricionário é concedido a poucos e seus custos são dispersos entre muitos. Ao longo deste compêndio examinamos diversas variedades desse mal, em conexão com o orçamento (n.50, Lei do Cão), com impostos indiretos (n.53, Lei de Sayad), privilégios decorrentes de pactos políticos (n.48, Princípio da Perversidade dos Pactos Sociais), dificuldades com reformas (n.49, Teorema de Hemingway-Gorbachev) e especialmente com a privatização (n.58, Princípio das Lágrimas do Privilégio). A expressão de Furtado designa, assim, uma patologia ampla – talvez bem maior do que seu autor tinha em mente – ou mesmo onipresente em mecanismos de decisão coletiva pelos quais minorias ativas e atentas exploram maiorias inertes e inorgânicas. No que se

* Caberia, talvez, a instituição de concurso público para o cargo de empresário, sobretudo quando essa condição assegura o acesso irrestrito a benesses do governo.

refere à taxa de câmbio, com efeito, Furtado deixou como legado a demonstração, apreciada por muitos, de como o câmbio é capaz de tapar buracos nas estradas, resolver gargalos de logística e de ineficiências na fábrica.

61. [Princípio Básico da Perversidade das Federações] Numa federação, o comportamento virtuoso não faz sentido, pois o tratamento a ser recebido pelo governo federal será o mesmo dado ao estado que fez tudo o mais errado.

Parágrafo único. Qualquer benefício ou liberalidade concedidos a um estado da federação, por mais merecidos, jamais deixarão de ser generalizados a todos os outros, inclusive os que não merecem.

Os problemas de relacionamento entre os estados brasileiros e a União tiveram um capítulo especial durante a segunda metade dos anos 1990, quando ocorreram diversas rodadas de reestruturação de dívidas acompanhadas de encontros de contas e vendas de empresas e ativos. Muitas lições foram aprendidas, algumas de grande alcance; vale destacar ao menos três armadilhas enfrentadas no decorrer do processo.

A primeira tem a ver com as ambiguidades ocultas no precioso conceito de isonomia, tão fundamental para os estados membros de qualquer federação. Esta República possui duas Casas Legislativas, a Câmara Alta, onde cada estado tem três senadores, e a dos deputados, na qual a representação é proporcional ao tamanho do estado. Essa duplicidade na forma de estabelecer a representação parece se refletir na postura dos estados diante da União, sempre oscilando entre a isonomia estrita, pela qual qualquer concessão dada a um deve ser estendida a outros, e a isonomia no estilo Rui Barbosa, ou seja, aquela que obedece à máxima "Tratar os desiguais desigualmente, na inversa medida da sua desigualdade". Na verdade, a armadilha mais comum consistia em um estado pequeno pleitear o modelo Rui Barbosa com a anuência tácita de todos e, uma vez bem-sucedido, provocar o pleito de isonomia no sentido estrito por parte dos médios e grandes.

A segunda armadilha tinha a ver com as pressões dos próprios estados contra os que inventavam de exibir bom comportamento fiscal, sobretudo quando esses bons alunos se apresentavam para solicitar alguma benesse remuneratória. Para a União, premiar um solitário caso de virtude parecia favorecimento: todos ficavam mal-humorados, queriam tratamento igual, ameaçavam tumultuar a negociação e encurralavam os virtuosos com vistas a entortar sua conduta. Estes, por sua vez, sentiam-se frustrados, pois ficavam privados de recompensa ou reconhecimento a despeito do bom exemplo, pelo qual eram hostilizados pelos pares; e assim amesquinhava-se o padrão com o qual todos eram medidos.

A terceira armadilha estava relacionada ao clássico problema do francoatirador (*free rider*), um tema recorrente em problemas envolvendo a lógica da ação coletiva e a provisão de "mercadorias públicas": o sujeito que se acha pequeno demais para salvar o planeta faz tudo errado na crença de que sua atitude não fará diferença e que sua conta será paga pela maioria sem que ninguém perceba. Se todos procedem assim, pior para o meio ambiente, ou para os outros usuários da piscina do clube. É o que ocorre, por exemplo, nos jantares de fim de ano, com a conta dividida pelo número de participantes, quando alguém começa a pedir cavaquinha grelhada com trufas brancas achando que vai levar vantagem, e logo todos trocam o pedido para essa caríssima especialidade e o jantar sai uma fortuna. Se o estado é pequeno, cresce a propensão ao comportamento "francoatirador": o incentivo à esbórnia se torna irresistível, especialmente pela sensação de que os outros estados não o seguiriam necessariamente na cavaquinha grelhada.

Diante dessas armadilhas, parece claro que o comportamento virtuoso não faz sentido, pois não há recompensa para o melhor aluno da sala, tampouco punição para o pior. A experiência com a docência tende a indicar que, na ausência desses incentivos, instala-se o imobilismo e a mediocridade.

Os ditames da lei exposta neste tópico tornariam inviáveis as negociações para o equacionamento e a reestruturação das dívidas dos estados brasileiros com o governo central e colocariam em risco a nossa

Figura 27. Protestos na Grécia, conclamando os povos de outros países da federação europeia, que estão pagando a conta dos excessos gregos, a apoiar a impunidade do comportamento "francoatirador" de seus governantes.

federação, não fossem três formas de miopia utilitária exibidas pelos estados, fraquezas que a União explorou com habilidade. A primeira era a ansiedade de fechar qualquer acordo em que houvesse uma carência que determinasse o início dos pagamentos apenas no governo seguinte. A segunda era um elemento que amarrava a todos na mesma canoa: a partilha de impostos através do FPE (Fundo de Participação dos Estados). Com a entusiástica concordância dos estados, a postura da União foi a de reestruturar generosamente a dívida, sobretudo no tocante à carência, porém reforçando fortemente a garantia mediante o direito irrevogável de reter as transferências do FPE, bem como contas bancárias, em caso de inadimplemento. E a terceira foi a concordância em abster-se de qualquer endividamento adicional depois de fechado o acordo.

Essa modesta experiência apenas reforça o que se diz habitualmente sobre a crise europeia, a começar pela complexidade dos incentivos envolvidos em uma federação e, principalmente, no que respeita à conveniência de avançar na integração fiscal. No Brasil, a certa altura, o BCB estava financiando ou garantindo a quase totalidade da dívida mobiliária dos estados, fenômeno que começa a ocorrer na Europa. Para o governo federal, no Brasil, foi inevitável a federalização dessas dívidas, porém, a solidez das garantias acabou sendo mais importante do que as promessas de boa conduta. Quando os estados federados compartilham impostos, ainda que as receitas sejam redistribuídas proporcionalmente ao que cada um gerou, criam um "colateral" para a utilização em financiamentos a serem concedidos em momento de dificuldade.

---

62. [Lei do Kafka, da safra extra, A Vingança Neoliberal] Com a possível exceção da França, todo país onde existem escolas de pensamento econômico alternativo com alguma expressão é subdesenvolvido.

Em 1997, numa das raras ocasiões em que Roberto Campos retornou às leis do Kafka depois de seu enunciado original, em 1961, a motivação foi a de atacar a suposta associação entre neoliberalismo e exclusão social, de que tratamos ligeiramente no dispositivo sobre transferência de culpa e bodes expiatórios (n.37, Lei do Kafka n.9, Da Transferência de Culpa).

Seu argumento partia de duas observações acerca da relação entre leis trabalhistas e emprego: a primeira era a de que há sempre muito mais desemprego na Europa do que nos Estados Unidos, pois os regimes de proteção excessiva ao emprego vigentes na Europa, de inspiração social-democrata ou socialista, travavam o mercado de trabalho. As empresas hesitavam em contratar, uma vez que enfrentavam enormes dificuldades ao demitir, ainda que por justa causa, do que resultava não apenas um alto nível de desemprego, mas também a concentração dos desempregados na população jovem.

Outra observação, mais brasileira, era a de que os rigores da legislação trabalhista e previdenciária empurravam uma parcela muito grande da população ocupada para a informalidade. E quanto maiores as "conquistas" dos trabalhadores mais o mercado de trabalho brasileiro se aproximava do paradigma europeu e maior a dualidade entre o formal e o informal.

Foi a partir desses registros que Campos enunciou "duas novas leis", que expressavam duas formas de "vingança dos liberais": a primeira, que diz representar a vingança de Adam Smith contra Marx, estabelece que "o grau de pobreza de um país", ou a exclusão no mercado de trabalho, ou a "precarização" do emprego, para usar termos mais contemporâneos, "é diretamente proporcional à intensidade de suas instituições socialistas". A segunda, que representaria uma vingança do economista austríaco Friedrich Hayek (1899-1992), um dos mais destacados liberais e vencedor do Prêmio Nobel de Economia em 1974, afirma que "a boa distribuição de renda é inversamente proporcional ao número de burocratas e políticos empenhados em redistribuir as receitas do Estado". O princípio parece evidente se pensarmos no ambiente de alta inflação no qual o financiamento das políticas de combate à pobreza derivava das receitas advindas da inflação, ou seja, de um "imposto sobre o pobre". Foi Keynes quem observou que a inflação funcionava exatamente como um imposto sobre a moeda que as pessoas carregam no bolso, e no Brasil, ademais, a correção monetária foi estabelecida seletivamente, deixando desabrigados os pobres. Que lógica pode haver em combater a pobreza através da tributação intensiva sobre o mesmo pobre que se quer beneficiar com programas sociais senão a de criar uma burocracia para praticar o assistencialismo? Que lógica pode haver em fomentar o emprego através de um imposto sobre o emprego senão a de criar a burocracia (a Justiça do Trabalho) para fazer valer o imposto?

A grande questão suscitada pelos dois exemplos diz respeito a um tema mais amplo e fascinante: as razões pelas quais as práticas populistas têm na América Latina a sua pátria, sua fonte inesgotável de energia imaginativa e de personagens folclóricos, no limiar do realismo fantástico. Por que nesta parte do mundo em particular? Por que a pseudociência, para usar um termo habitualmente utilizado pelo astrônomo Carl Sagan, é tão popular neste continente?

A explicação parece ter a ver com a vitalidade intelectual de uma comunidade que carnavaliza o seu ponto de vista independente sobre um mundo não mais bipolar, e nisso o Brasil se assemelha à França. Parece haver entre nós um gosto profundamente assentado pela lei de ouro da imprensa: ouvir os dois lados com igual atenção, mesmo quando isso resulta em dar a palavra ao alternativo e ao exótico. Nos assuntos de astronomia vamos buscar a opinião dos astrólogos. Na botânica ouvimos os especialistas na vida emocional das plantas e nos temas de biologia, os literalistas bíblicos. No terreno das ciências sociais instaura-se uma feira de variedades, um verdadeiro bricabraque, uma espécie de mercado das pulgas (*marché au puce*) de curiosidades ideológicas. Na economia é notável o nosso esforço de preservação de espécies ameaçadas, ao reservarmos espaços no horário nobre à vulgata marxista ou às formas exóticas de keynesianismo bastardo (ou de quermesse, como recentemente caracterizado), ao estruturalismo desestruturado e a um neoleninismo chavista partidário. Estranha democracia esta, onde deveria existir darwinismo no plano das ideias; parece haver aqui fenômeno semelhante ao descrito na Lei de Caldeira-Furtado, (n.60), a propósito do fracasso empresarial. Tudo se passa como se as ideias alternativas não pudessem fracassar senão pela sonegação de espaços para a sua divulgação pelo governo. E assim o mundo das ideias no Brasil assume a forma de um horário eleitoral gratuito.

Câmbio, preços públicos e globalização

As novas regras de um mundo plano

63. [Lei do Kafka n.7, Newtoniana da Burocracia] Toda ação no sentido de liberalização provoca uma reação de controle burocrático, de igual intensidade, embora de forma disfarçada.

O desconforto do país com os veredictos trazidos pela taxa de câmbio remonta ao Império, quando a nossa moeda na ocasião, o mil-réis, esteve quase sempre mais desvalorizada do que se considerava apropriado. Contudo, apenas nos anos 1920 teve início o esforço de se colocar "as mãos na massa": os controles cambiais diretos começaram com a Lei n.4.182/20, que instituiu a fiscalização bancária "para o fim de prevenir o jogo sobre o câmbio e assegurar apenas as operações legítimas".

A partir daí, com o tempo, ergueu-se não somente uma catedral, mas diversas, uma para cada circunstância, com os elementos arquitetônicos mais variados, entre eles reciprocidades e similaridades, licenças e bonificações, créditos fiscais e dispensas de cobertura, segregações de mercados e leilões por categorias. Construímos cidades de controles burocráticos, uma sobre as ruínas da anterior, ao longo de várias décadas, tornando a exegese de qualquer regra cambial atualmente em vigor um exercício comparável à etnografia de Troia, a cidade ao sul da Turquia onde se passou a *Ilíada* de Homero, uma cidade destruída dezessete vezes e da qual só restam ruínas das várias safras que, em seu conjunto, não fazem nenhum sentido.

Roberto Campos enunciou o princípio acima em 1961, época de verdadeiro apogeu em matéria de proibições e arbitrariedades, quando observou os seguintes paradoxos: "Libera-se a taxa de câmbio para promover exportações, mas limitam-se as vendas a fim de preservar o mercado interno. Estabelece-se o mercado livre de câmbio, mas quando este começa a se comportar livremente, reagindo à oferta e à procura, intervém a autoridade cambial para discipliná-lo."

O anacronismo de nossa regulamentação cambial se tornou particularmente evidente em 1989, quando caiu o Muro de Berlim e se verificou que nossas normas se pareciam com as que vigiam nos países da Cortina de Ferro. Se tomássemos o "ágio" no mercado paralelo de câmbio como uma medida de artificialismo no mercado "oficial", ou seja, como uma espécie de "vingança do mercado", estaríamos em maus lençóis, com percentuais acima de 100%!

Em 1994, ainda era verdade que o BCB parecia mais autoridade cambial que monetária – em vista dos enormes contingentes de funcionários encarregados de fazer controle cambial – e a desregulamentação se apresentava como ameaça para esses servidores. Para vencer essas resistências dois modelos conceituais foram utilizados para convencer a burocracia, nem sempre com muito sucesso, a conduzir ela própria a mudança: uma longa transição e uma mudança de natureza dos controles.

Os exemplos do primeiro modelo são as situações em que se queria transformar uma *restrição* e um *processo burocrático conduzido no domínio do papel*, como eram, por exemplo, as várias formas de registro de capital estrangeiro em eventos estatísticos, declaratórios, automáticos e digitais, como já ocorria com as entradas e saídas de investimento estrangeiro nas bolsas. E com isso desaparecia a autoridade de um burocrata para vetar operações. O processo era modular, com diversas etapas, cumpridas diligentemente, uma após outra, ao longo de alguns anos. Ninguém ficava sem ter o que fazer na transição, após a qual os executores podiam se aposentar.

O segundo modelo abrangia as situações nas quais se trocava regulação prévia e autorizativa por liberdade de movimentação, mas com fiscalização discricionária a posteriori baseada em amostragem ou em indícios de operações atípicas. As operações cambiais passaram a ser tratadas como movimentações bancárias, como quaisquer outras. Era um enorme avanço, mas, para o grande público, ficou uma sensação de estrita obediência ao princípio aqui tratado, ou de que os controles cambiais ficaram iguais ou piores, e há duas explicações para esse fenômeno. A primeira é que foi mantido um dispositivo antigo que torna os bancos solidários aos praticantes de irregularidades cambiais, pois, afinal, as operações de câmbio são sempre feitas com a interveniência de um banco, que tem o dever de verificar se as normas estão sendo cumpridas. Dessa forma, sutilmente, a responsabilidade de controlar foi transferida para os bancos, o que, em muitos casos, passou despercebido para o cidadão, para quem tudo ficou como sempre esteve. A segunda explicação tem a ver com os sentimentos do burocrata que monitora operações e que se encontra constantemente supervisionado pelo Ministério Público e pelos órgãos de controle da administração pública para comunicar "indícios" de operação criminosa, sob o risco de incorrer ele próprio em suspeita de prevaricação. Esse problema foi examinado anteriormente (n.34, Teorema do Gelo Fino), a propósito da maldição que recai sobre as Autoridades que denunciam tramoias e acabam visadas porque adiantaram ou atrasaram a denúncia.

Em resumo, novas edificações parecem ter modificado a natureza dos controles cambiais, agora introjetados nos bancos, mas tudo continua estranhamente parecido com o que sempre foi.

64. [Lei de Sauer-Setubal] Qualquer que seja a taxa de câmbio, ela estará sempre defasada em 30%.

Esta norma é um clássico da produção legislativa brasileira. Normalmente associada a Wolfgang Sauer, uma justa homenagem nem sempre bem acolhida ao ex-presidente da Volkswagen do Brasil e de entidades patronais que atuaram em defesa dos exportadores brasileiros, a lei parece ser mais um caso incontroverso de autoria conjunta. Certa vez, em São Paulo, conheci um senhor que, com grande delicadeza, explicou-me que, na verdade, era dele a frase que havia sido consagrada em lei. Portanto, nada mais justo que mudar a denominação do normativo de modo a consignar o papel desse simpático cidadão, de nome Laerte Setubal Filho, também ex-presidente da

AEB (Associação dos Exportadores Brasileiros) e autor de uma bela compilação das criações brasileiras no campo da política cambial entre 1947 e 1981.[1]

A sabedoria dessa lei pode parecer estranha nos dias atuais, pois se refere a outro Brasil, com taxas de câmbio arbitrariamente fixadas pelo BCB, que alegava obedecer a uma regra rígida. Mas exportadores e importadores, por razões simétricas, se colocavam sempre em altíssima ansiedade, ou mesmo pânico, com respeito aos critérios usados pela Autoridade, tais quais prestadores de serviços para o governo sem nenhum poder de barganha diante de seu grande cliente.

Sauer e Setubal notabilizaram-se, entre outras realizações, por encarnar a posição negociadora dos exportadores na interlocução com o governo quando o assunto era taxa de câmbio. Sua postura era irredutível, inegociável, embora ineficaz, pois a palavra final cabia ao governo e os militares estavam no poder. Mas o choro era tão constante e contumaz, e patriótico, ainda que irritado, que as Autoridades não o registravam como subversão e sim com humor.

É verdade que o conceito de defasagem cambial tem a atualidade e a relevância de um fusca 68. Mas, em 1996, foram muitos os que se irritaram comigo quando enunciei um raciocínio tão simples quanto venenoso a propósito da obsolescência dessa noção: o fato de o preço da banana cair em função de uma safra excepcional não quer dizer necessariamente que há uma "defasagem bananal". Quantas vezes eu ouvi de tantos sábios a acaciana sabedoria envolvida na observação mal-humorada de que "câmbio não é banana", sempre com vistas a explicar que a lei da oferta e da procura tinha sido revogada anos atrás pelos estruturalistas e heterodoxos.

Apêndice: Pequena digressão teórica: câmbio e hambúrgueres

A racionalidade econômica da Lei de Sauer-Setubal tem a ver com o famoso princípio da "Paridade de Poder de Compra" (PPC), que expressa uma lei muito mais básica conhecida como "Lei do Preço Único". De acordo com essa lei, uma mesma mercadoria deve ter preço igual em dois países, ou em duas regiões que mantenham comércio entre si, *quando medido na mesma moeda*. Não há razão, por exemplo, para que o preço em reais do feijão não seja idêntico em diferentes regiões do país ou em estantes de um mesmo supermercado. O mesmo vale para preços em dólares de uma mesma mercadoria entre países sem restrições a seu comércio, exceto por custos de transporte. Se houver "desalinhamento", qualquer que seja o motivo, alguém esperto (e este não é um recurso escasso no país) poderá se engajar em uma atividade conhecida como "arbitragem", que consiste em comprar onde está barato e vender onde está caro até os preços se igualarem. O arbitrador funciona como um vaso comunicante que assegura a paridade entre os preços.

As utilizações da PPP são múltiplas e seu entendimento bastante disseminado. De longe, a mais popular de suas aplicações é fornecer uma resposta para a mais antiga das perguntas com respeito ao câmbio, a que mobilizou gente como Sauer e Setubal durante tantos anos, e a mais repetida no país desde o Plano Real, a saber: *qual a taxa de câmbio correta entre o real e o dólar?*

Uma demonstração desconcertantemente simples de como a Lei do Preço Único indica não apenas a taxa correta, mas também o tamanho das defasagens, é a utilização de comparações entre os preços em dólares de sanduíches Big Macs, conforme praticados em diferentes cidades mundo afora e rotineiramente reportado pela revista *The Economist*. Segundo a lei, um Big Mac no Rio de Janeiro deve custar, *em dólares*, o mesmo que em Miami, Praga ou Xangai, uma vez que o produto é rigorosamente igual. As diferenças nos preços seriam interpretadas como indicação de que as taxas de câmbio estão "erradas", e a revista dizia exatamente em quanto, e em que direção.

A Figura 28 mostra a situação em janeiro de 2010, tomando como "referencial" o preço de um Big Mac nos Estados Unidos: US$3,58. Nessa ocasião, um Big Mac no Brasil custava US$4,20, portanto, a nossa defasagem era só um pouco menor que os 30% regulamentares. Tudo muito intuitivo, invocando uma observação, com plenos foros de lei, sempre repetida pelo ex-ministro da Fazenda Pedro Malan, com sua fleuma habitual: para todo problema complexo, existe sempre uma solução muito simples, e errada.

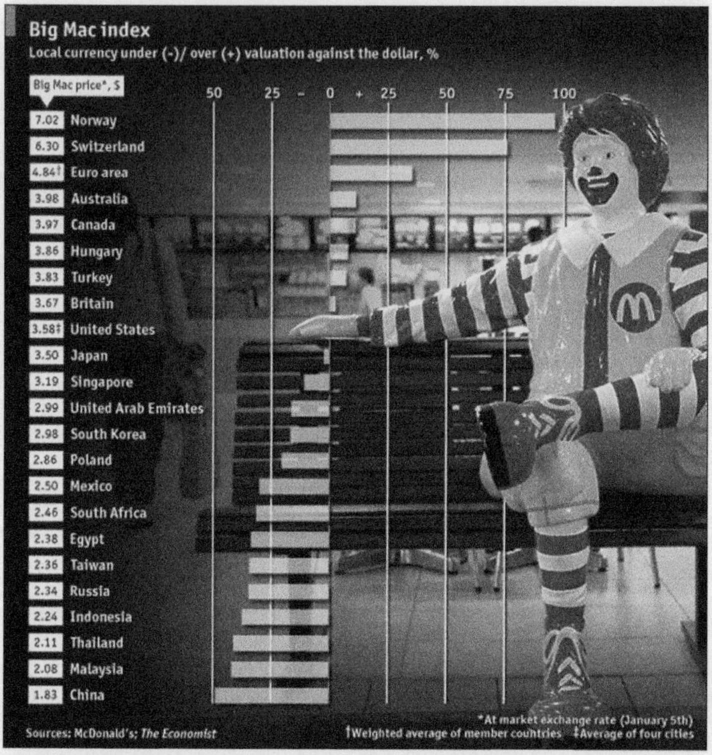

FIGURA 28. Ronald McDonald descansa a sua mão sobre o padrão monetário: o Big Mac e US$3,58. Nesse momento (janeiro de 2010), a moeda da Noruega estava sobrevalorizada em 96%, e a da China, subvalorizada em 49%. No Brasil, os 30% regulamentares nos colocariam em US$4,65.

Há uma penca de perguntas difíceis sobre *Burgernomics*, este o nome pelo qual *The Economist* se refere jocosamente à construção em torno da comparação dos preços de Big Macs, geralmente organizadas sobre duas grandes questões: será aceitável que o preço do Big Mac nos Estados Unidos seja o novo padrão internacional de valor, em substituição ao ouro e à prata, e que o preço de agora seja mais correto do que o de ontem ou o de amanhã? E ainda: será que faz sentido a premissa do exercício, a saber, que as taxas de câmbio *reais* entre diferentes moedas devem se manter constantes para todo o sempre?

A experiência internacional, sobretudo depois de 1971, quando taxas flexíveis de câmbio entraram em vigor para as principais moedas internacionais de reserva, parece demonstrar que a Lei do Preço Único funciona apenas como uma referência longínqua e jamais como determinante, e menos ainda quando se olha para o que se passa no dia a dia. Na verdade, raramente as taxas indicadas pelo critério da PPP parecem vigorar na prática, principalmente tendo em vista que os fluxos financeiros de todo tipo, incluindo derivativos, dominam amplamente o processo de determinação de taxas de câmbio, em lugar de arbitragens de preços de mercadorias. A teoria econômica não vai muito além de dizer que a taxa de câmbio real "correta" *é a que equilibra o balanço de pagamentos*, e de reconhecer que o escopo das transações internacionais de natureza financeira se ampliou extraordinariamente, e que os mecanismos de equilíbrio e arbitragem para mercados financeiros funcionam num ritmo, ou mesmo numa frequência de onda, totalmente diferente daquele onde operam as lanchonetes McDonald's. Isto não é uma distorção, como querem alguns, mas uma nova realidade. Nessas condições, parece claro que não faz nenhum sentido imaginar que o câmbio "correto" seja constante no tempo, mesmo em períodos curtos. Não há dúvida de que a flutuação cambial e a mobilidade de capitais viraram de pernas para o ar o ordenado mundo das Leis do Preço Único e de Sauer-Setubal.

65. [Segunda Lei de Sauer-Setubal] Sempre que a Autoridade mudar a metodologia de cálculo da taxa de câmbio real, ou se empenhar em demonstrar que não existe "defasagem cambial", os 30% regulamentares terão sido ultrapassados por larga margem.

Uma das grandes inovações em matéria de política cambial nos anos 1970 foi o conceito de "minidesvalorizações cambiais", por intermédio das quais o exportador podia verificar na quarta casa decimal que a desvalorização a cada mês era a diferença entre a inflação local e a dos Estados Unidos.

Este ainda era o mundo de Bretton Woods, no qual se esperava que os países mantivessem taxas de câmbio fixas e fizessem desvalorizações raramente, apenas na presença de "desequilíbrios fundamentais". Com a inflação correndo solta e a correção monetária se alastrando, as "mínis" foram uma solução muito engenhosa para fazer valer a regra de Bretton Woods, porém, graças à indexação automática do câmbio, em pequenas prestações, com validade para taxas de câmbio *reais*.

Quem falou que a taxa de câmbio real que equilibra o balanço de pagamentos é constante no tempo?

Às vezes era preciso arrumar as coisas com uma "máxi", pois a conta de capitais do balanço de pagamentos havia piorado por alguma razão. Os exportadores geralmente apoiavam a medida, a despeito de suas sérias consequências inflacionárias.

Os problemas ocorriam quando a situação inversa se apresentava, ou seja, quando a conta de capitais melhorava, havia abundância de divisas e a inflação acelerava. Essas eram circunstâncias nas quais as Autoridades começavam a se perguntar se a aplicação estrita da regra dada pela PPP não criava um câmbio excessivamente favorável para os exportadores e um tanto a mais de inflação que o desejável. As Autoridades geralmente desaceleravam as "mínis", sempre provocando a imediata reação dos grupos representados por gente como Sauer e Setubal, e, diante de queixas repetidas, começavam a tergiversar no cálculo. Mudavam o índice de preço doméstico empregado na conta, ou a inflação relevante no exterior, às vezes uma média das inflações observadas nos parceiros comerciais do Brasil com pesos variados. A discussão sobre defasagem mergulhava numa numerologia insana, apenas indicando, conforme argumentavam os exportadores, que a "defasagem" estava bem além da habitual.

66. [Terceira Lei de Sauer-Setubal, também conhecida como Variante de José Serra] Quando a defasagem cambial regulamentar for o resultado do livre jogo das forças de mercado, será designada como "populismo cambial", sobretudo se ocorrer na ausência de agrados compensatórios.

O advento e a disseminação de taxas de câmbio progressivamente mais flexíveis e voláteis provocaram uma estranha e generalizada irritação entre os interessados no assunto, fenômeno semelhante ao observado em políticos diante da nova e avassaladora influência do mercado sobre suas decisões (ver Princípio da Convergência, n.1). Os paradigmas foram perdidos, e com eles a precária segurança que nos proporcionavam. Fomos para o extremo oposto do mundo das minidesvalorizações ordenadas pela PPP sob a lógica de Bretton Woods: a imprevisibilidade passou a prevalecer sobre a cultura de um câmbio indexado. Daí uma mescla entre perplexidade e nostalgia nos debates cambiais.

As imensas e inexplicáveis oscilações, aliadas à impressão de que há muito ruído e especulação no dia a dia da fixação de um parâmetro tão importante para a economia real, apenas revigoram o esforço de se desqualificar os veredictos do mercado e de se sustentar que a verdade cambial está onde sempre esteve. Nesses termos, o súbito e incontornável imperativo da lei da oferta e da procura serviria tão somente para construir uma cortina de fumaça, como qualquer dos artificialismos experimentados no passado, a fim de ocultar objetivos inconfessáveis das Autoridades.

A Variante de José Serra à Lei de Sauer-Setubal não é propriamente uma lei, ou uma relação de causa e efeito, mas um resmungo, um queixume que deve ser visto como uma reação emocional às insinuações ou supostas provas de que o mercado é o senhor do câmbio e às alegações de que a velha Lei de Sauer-Setubal foi revogada pela globalização. Trata-se de uma reafirmação do velho enunciado, apenas acrescido de tonalidades conspiratórias: em conformidade com a redação acima, a taxa de câmbio *continua defasada nos 30% regulamentares*, mas, em razão de omissões ou ações deliberadamente ineficazes das Autoridades, cuja motivação deve ser encontrada na política e nas ambições eleitorais dessas Autoridades, *nada se faz de efetivo para corrigir o erro.*

O uso do conceito de "populismo" nesse contexto envolve dosagens elevadíssimas de malícia, raramente encontradas na natureza em estado puro. Apenas laboratórios devidamente certificados, em recantos selecionados da capital e de sua crônica política, conseguem destilar substâncias tóxicas tão competentemente. O termo costuma ser aplicado a personagens do quilate de um Hugo Chávez ou de um Juan Domingo Perón, ou a políticas toscas como os congelamentos de preços e aumentos generalizados e irresponsáveis de salários. O populismo é a conduta inconsistente a serviço da política eleitoreira. É a mais imprópria das ofensas à política ortodoxa, não pela pestilência, mas pelo despropósito. Não obstante, o ódio que encerra encontrou um terreno mais que hospitaleiro nas paixões extremadas sempre presentes nos debates cambiais.

A acusação de populismo, quando se trata de *eventos cambiais resultantes do livre jogo das forças de mercado, e não da conduta das Autoridades* (que, em muitos casos, se esforçam para contrariar o mercado), não tem nenhum cabimento, senão como esforço para denegrir.

Esse era, efetivamente, o intuito quando se tratava do episódio de valorização cambial ocorrido em 1993-98, que ajudou decisivamente a pôr fim à hiperinflação no Brasil e fez brotar magníficas flores feitas de inveja e ressentimento. Todavia, o ainda mais longo e mais impressionante episódio de valorização cambial ocorrido em 2003-12, apenas brevemente interrompido no final de 2008 e começo de 2009, e retomado em seguida, serviu para dar nova perspectiva ao episódio anterior. Os críticos do suposto "populismo", agora na posição de Autoridades, conviveram com taxas de câmbio ainda mais valorizadas que as observadas anteriormente, e, tal como no episódio anterior, não estavam "segurando o câmbio". Ao contrário, compraram muitos dólares e acumularam reservas em extraordinários valores, usaram intensivamente os mesmos expedientes de restrição às entradas de capitais de curto prazo inventados e empregados durante 1993-98 e tiveram sucesso comparável em evitar o câmbio valorizado. A abundância cambial não distingue ideologias e governos: premiou o país pela estabilização e, posteriormente, pelo abandono de ideias heterodoxas a partir da famosa "Carta aos brasileiros". Em certo momento, José Serra, o inventor da expressão, passou a acusar Lula de praticar o que seus assessores, agora ministros, antes criticavam, o "câmbio valorizado" e o neoliberalismo, e com razão, pois todos eram culpados, porém, à revelia e sem dolo.

Diante do fracasso das Autoridades em sucessivos governos de reverter o câmbio valorizado, o termo "populismo cambial" foi caindo na mesma vala em que se encontrava a "defasagem cambial", desacreditado pelo fim da ilusão de que a taxa de câmbio obedecia ao BCB. E assim a crença em uma conspiração de fundamentalistas de mercado e inimigos da indústria deu lugar ao fatalismo e ao recalque. O pleito sincero e direto, implícito na Lei de Sauer-Setubal, se transformou, com essa variante, em mera malcriação, comparável à acusação de "neoliberalismo", da qual poucos governos deste mundo conseguem escapar.

67. [Lei Geral das Tarifas Públicas] Quaisquer que sejam os preços da gasolina, da eletricidade e de outros serviços públicos, os investimentos fundamentais para a expansão e melhoria dos serviços somente poderão ocorrer na presença de um reajuste de 30%, ou se o prejuízo decorrente da ausência do referido reajuste for transformado em dívida do Tesouro.

Qualquer semelhança com a Lei de Sauer-Setubal (n.64) é uma coincidência maliciosa e intencional, com vistas a estabelecer com clareza as diferenças.

As tarifas públicas (energia, telefonia, transporte urbano, água e esgoto etc.) são fixadas pela autoridade administrativa normalmente no contexto de contratos com as empresas concessionárias do serviço que incluem cláusulas que protegem o "equilíbrio financeiro" da operação. E não há nada que se pareça com um "mercado" em que se possa enxergar o "preço justo" do serviço. Os reajustes nas tarifas envolvem as chamadas "fórmulas paramétricas", que capturam a evolução dos custos de operação, a produtividade, as necessidades de investimento em expansão e conservação e a qualidade do serviço, passando pelo crivo de autoridades reguladoras.

Na era da inflação elevada, a administração dos preços públicos era um dos grandes pesadelos das Autoridades. Era importante evitar as "defasagens", pois, invariavelmente, estas se traduziam em serviços piores ao consumidor, para não falar em quebra de contrato e no prejuízo à capacidade de investimento para expansão e conservação dos equipamentos e acervos.

Mas, diante da centralidade do fenômeno inflacionário, durante a década de 1980 e a primeira metade dos anos 1990, a manipulação desses preços com o intuito de amenizar a inflação se tornou uma tentação irresistível.

O centro decisório sobre preços públicos deslocou-se para Brasília e o assunto se politizou à medida que criou responsáveis visíveis, que adquiriram certa hipersensibilidade ao problema. Os anúncios de reajuste da gasolina e da conta de luz, por exemplo, viraram grandes sinalizadores da inflação, com o agravante de fazer parecer à dona de casa que era o governo que criava a inflação. Os políticos foram tomando horror desse assunto, como o presidente Itamar Franco, o qual, segundo diz a lenda, demitia quem lhe trouxesse portaria com aumento nos combustíveis.

Tristemente, a recuperação de defasagens e a proteção contra manipulações levavam os dirigentes das empresas estatais aos gabinetes de Brasília em visível estado de constrangimento ao aludir a uma defasagem "crônica", assemelhada aos 30% regulamentares para o câmbio. E aqui com um complicador: as concessionárias eram a parte prejudicada de um contrato que uma das partes, o poder concedente, intencionalmente tornou desequilibrado, fazendo do consumidor a vítima.

Era claro que a manipulação das tarifas com vistas a alterar a inflação não apenas era ineficaz em seus propósitos como causava um enorme prejuízo à operação das concessionárias. Foi nesse contexto que o organismo burocrático se voltou para a construção de resguardos institucionais e concebeu um procedimento de natureza jurídica conceitualmente impecável. A ideia era estabelecer de forma canônica uma fórmula para o "preço justo" das mercadorias e serviços de cada empresa, contendo, inclusive, provisões para investimento e conservação. E toda diferença entre esse "preço justo" e o que o governo fixasse no uso de seu poder discricionário para fazê-lo *tinha os seus efeitos financeiros contabilizados como dívida do Tesouro.*

Se as Autoridades quisessem manipular as tarifas públicas, ou seja, se determinassem reajustes abaixo do que seria "justo", com o intuito de desacelerar a inflação, não se poderia impedi-las, mas havia a consciência de que o Tesouro estava "se endividando" com as estatais. Era uma espécie de conta-corrente com base na qual se podia fazer um ressarcimento de prejuízos decorrentes da concessão de um subsídio forçado. É claro que havia muita discussão sobre o método exato do cálculo do preço justo, suas premissas e alternativas, porém o princípio era difícil de contestar.

Com essa lógica, a Petrobras criou o expediente conhecido como "Conta Petróleo", o setor elétrico criou a sua "Conta de Resultados a Compensar" (CRC) e a Rede Ferroviária Federal, a "Normalização Contábil", entre outros. De tempos em tempos, o saldo dessas contas ficava muito grande e alguma operação era feita para quitá-lo, no todo ou em parte, uma transferência de títulos, um encontro de contas, às vezes acompanhado de um aumento significativo nas tarifas destinado a acertar o passado.

O Tesouro tinha muitas desconfianças sobre a metodologia empregada nessa contabilidade, e não era incomum que houvesse glosas, descontos e socos na mesa. O assunto foi sempre cercado de discrição, pois a nenhuma das partes interessava fazer ver ao respeitável público que havia um grande "atrasado" a cobrir, seja porque houvesse debate sobre os salários dos dirigentes das estatais ou sobre o mérito de seus programas de investimento, seja porque o governo estivesse segurando os preços para ajudar no combate à inflação. Em nossos dias, infelizmente, já não existe a "Conta Petróleo" e o governo federal mexe nas tarifas e nos planos de investimento da Petrobras, em desacordo com os interesses dos minoritários, e não há muita clareza sobre o tamanho do problema.

68. [Lei Geral do Protecionismo, a undécima do Kafka] A eficiência competitiva está na razão inversa do grau de intervenção governamental.

A reserva de mercado na informática, de triste memória, produziu, com todo o merecimento, algumas das peças mais mal-humoradas de Roberto Campos. Numa delas, em que elogia iniciativas de política industrial no México como a liberalização da entrada de investimentos diretos sem limitação de "índice de nacionalização", desde que com controle mexicano, desancava sem piedade a reserva de mercado na informática. Nesse artigo[2] Campos ressuscita uma das leis do Kafka que ele próprio julgava superada pelo tempo – a de que o número de ditadores na América Latina era fixo, apenas mudando a sua localização –, só que em um novo formato: *o nível de burrice econômica na América Latina é constante: somente sua localização varia.*

Sua matemática era simplória: o México estava ficando mais inteligente e o Brasil, emburrecendo.

A reserva de mercado é um exemplo extremo, uma espécie de tempestade perfeita, onde podem ser encontrados todos os vícios de uma política industrial equivocada e cujo fracasso não deixa qualquer material para os advogados de defesa. Porém, é preciso não perder de vista o quanto aquelas práticas estavam em sintonia com a sabedoria estabelecida entre burocratas, técnicos e autoridades nas agências governamentais brasileiras, e o quanto ainda são praticadas.

Vamos relacionar apenas três pecados capitais que fizeram ruir a reserva de mercado para os bens de informática, e sobre os quais vale refletir, em vista de sua presença no modelo recentemente estabelecido para a exploração do petróleo no pré-sal:

(i) era, e continua sendo, difícil a substituição de importações de produtos cuja fronteira tecnológica se move com muita rapidez, pois quando se consegue dominar a produção competitiva de certo tipo de produto, uma nova geração já ocupou o mercado e o produto substituído já está totalmente obsoleto;

(ii) a proibição de capital estrangeiro nas empresas locais protegidas bloqueou o principal canal de transferência de tecnologia e impediu a entrada dos grandes *players* do setor, bloqueando também o mecanismo descrito adiante, pelo qual as grandes multinacionais vêm para o país para produzir o que antes importávamos (n.70, Maldição das Multinacionais); e

(iii) a imposição de níveis exageradamente altos de "conteúdo nacional" nos insumos evitou a integração dos produtores aqui estabelecidos com cadeias internacionais de "produção global", contrariamente ao que se fez, por exemplo, com a Embraer, um caso de sucesso em que os requisitos de conteúdo nacional eram pequenos.

O chauvinismo está na essência do fracasso da reserva de mercado na informática, e nesse caso, como em muitos outros, a política industrial foi levada ao terreno do grotesco. Um exemplo mais recente, em tudo semelhante a uma fábula de Gabriel García Márquez, é o da Venirauto, a *joint venture* entre a República Bolivariana da Venezuela e a República Islâmica do Irã, cuja missão é "alcançar a independência e soberania tecnológica no setor automotivo". A empresa segue o que faz a sócia iraniana em seu país, ou seja, importa dois modelos de carros semiprontos e fora de linha para remontar no mercado local: o Turpial (pássaro nacional da Venezuela), feito a partir de Ford Festiva, aposentado em 2002, e o Centauro, feito a partir do Peugeot 405, retirado de linha em 1997. Ambos aparecem em suas peças de propaganda com um selo "echo en socialismo" (feito em socialismo), tal como se faz com comida orgânica.

FIGURA 29. Hugo Chávez ameaçou expropriar a fábrica da Toyota em seu país caso esta não colaborasse com a transferência de tecnologia para a produção de veículos populares com finalidade socialista, como faz a Venirauto.

Não se sabe quantos desses carros já foram produzidos; os jornalistas especializados estão proibidos de visitar a fábrica, cujos pátios estão repletos de carros incompletos, por falta de peças, ou em função de desentendimentos entre os sócios. Os preços e a qualidade são lamentáveis, mas novas perspectivas se abriram para a empresa com a entrada da Venezuela no Mercosul.

69. [Maldição de Mark Twain] A única chance de acerto de políticas industriais focadas na escolha de campeões consiste em apoiar quem não tem a menor necessidade de ajuda.

A política industrial costuma estar entre os temas mais polêmicos da disciplina, especialmente quando praticada na modalidade conhecida como "seletiva" ou "vertical", que consiste em algum tipo de intervenção do governo, via subsídios diretos ou indiretos, através de crédito ou de impostos, bem como dispositivos regulatórios (tarifas protecionistas, reservas de mercado, exigências de conteúdo local) com vistas a beneficiar *alguém*.

Em contraste com as intervenções macroeconômicas de inspiração keynesiana, cujos instrumentos são relativamente impessoais e os benefícios, na maior parte dos casos, pertencem à coletividade, a política industrial seletiva tem como foco uma empresa, ou um pequeno grupo considerado especial e estratégico, que recebe um presente, uma graça ou incentivo, algo que sempre provocará dúvidas: por que esta gente é especial e não aquela? Quais os critérios? Quem os determina?

Há muita controvérsia sobre o assunto, boa parte da qual em torno da correta interpretação do papel da política industrial e de qual tipo, nas estratégias bem-sucedidas de desenvolvimento econômico de países como Japão, Coreia e tantos outros, outrora emergentes. Há sempre um tanto de romance nessas experiências asiáticas cujo transplante para outras partes do mundo é bastante difícil.

A posição dominante no mundo acadêmico é fortemente contrária às políticas verticais, vistas como o *locus* privilegiado para o *rent-seeking** e o desperdício do dinheiro público para fins privados. Isso para não mencionar a experiência ridícula da Venirauto, já examinada, e de outras da mesma espécie. A reação mais comum desse grupo, diante do anúncio de um novo pacote de incentivos setoriais seletivos, é recomendar ao contribuinte que guarneça sua carteira.

Independentemente da persuasão, e afastados os casos extravagantes, os especialistas concordam que é difícil para o burocrata responsável pela escolha estabelecer regras muito objetivas. Na prática, os erros dos burocratas são mais flagrantes e irritantes do que os do mercado e costumam despertar grande rebuliço nos órgãos de controle do setor público. São esses os interlocutores com quem os responsáveis pela política industrial têm de se haver quando há perdas. Se as políticas são acertadas e não produzem prejuízo para os cofres públicos, não há problema. Na verdade, é isso o que se espera desses funcionários. Quando erram, no entanto, é o dinheiro público que foi consumido, de modo que o céu pode cair sobre suas cabeças.

Seria uma ingenuidade pensar que os condutores das políticas industriais e de fomento não estão sumamente preocupados com seus possíveis erros. Em razão das aflições relacionadas ao risco de fazer políticas seletivas com o intuito de eleger um campeão, é claro que vai haver uma tendência forte no sentido de se escolher um atleta já consagrado, com o qual não há muito risco de perda. É óbvio que os responsáveis por empresas "nascentes" acabam sempre preferindo apoiar as que já estão bem crescidas, e esse fenômeno nada tem de estranho ao universo dos que emprestam dinheiro. Conforme explicou recentemente um dirigente do BNDES: "Nós nos vemos como um facilitador: isso quer dizer que nós apoiamos os vencedores, nós não elegemos os vencedores."[3] A figura de Mark Twain (1835-1910), escritor americano famoso pelos ditos mordazes, é evocada pelo próprio Roberto Campos a propósito de uma tirada consa-

* Expressão de uso comum na ciência política que pode ser traduzida como "a busca de rendas extraordinárias decorrentes de privilégios".

grada sobre bancos: "O banqueiro é um tipo que nos empresta um guarda-chuva quando faz sol, e exige-o de volta quando começa a chover." Millôr Fernandes observou, de forma semelhante, que "banqueiro é esse cara que só se arrisca quando não há o menor perigo".

Um exemplo interessante é o de uma organização multilateral cujo mandato tem a ver com o fomento de negócios inovadores em pequenas e médias empresas, mas cujos investimentos no Brasil eram todos em empresas grandes e estabelecidas. Questionados sobre o desvio, alegaram que essas empresas eram de tamanho médio para o padrão internacional, e que do seu escritório confortavelmente localizado em Ipanema, no Rio de Janeiro, não conseguiam identificar outras oportunidades.

Vale mencionar, por derradeiro, que as forças de mercado acabam se intrometendo na concessão dos benefícios de políticas seletivas do pior jeito possível. Há um estudo publicado recentemente numa revista acadêmica inglesa no qual os autores – Alberto Ades e Rafael Di Tella – procuraram uma relação entre corrupção e algo que eles denominaram "política industrial ativa". Usando dados do World Competitiveness Report, um grande *survey* entre executivos sobre práticas comerciais em diferentes países para o período 1989-92, eles concluem que as "políticas industriais ativas" de fato aumentam o investimento, mas também produzem corrupção. Na verdade, segundo suas estimativas, valores entre 16% e 44% dos investimentos viabilizados por "políticas industriais ativas" em sua amostra se transformam em propina: *30% em média!*

70. [Maldição das Multinacionais] Todo esforço de substituição de importações e de nacionalização de componentes, quaisquer que sejam o formato e a intensidade, vai resultar em mais desnacionalização da indústria nacional.

A substituição de importações é uma das mais destacadas bandeiras do nacionalismo econômico, um hino de batalha, uma espécie de *Marselhesa* da indústria nacional e o título do mais famoso livro da professora

Maria da Conceição Tavares.[4] Trata-se aqui da principal característica da industrialização brasileira no pós-guerra, esta, por sua vez, conforme a narrativa tradicional, um marco histórico para a redenção econômica de um país dependente e subjugado a uma ordem internacional injusta. O mesmo costuma ser dito, com as mesmas tonalidades patrióticas, sobre as ondas posteriores de substituição de importações empreendidas durante o governo militar, principalmente através do 2º PND (Plano Nacional de Desenvolvimento) do general Ernesto Geisel. O nacionalismo produz algumas estranhas aproximações entre direita e esquerda no Brasil.

A substituição de importações é a designação genérica para os programas de investimento apoiados pelo governo e orientados pela balança comercial setorial, com vistas à autossuficiência em determinado produto ou produção.

A autossuficiência é o conceito-chave, a expressão operacional para a *soberania*, para a superação da dependência, ou, em última instância, a *independência*, atributo que se mede em divisas economizadas, não tanto em empregos criados ou em valor adicionado. Trata-se de eliminar o contato comercial com o exterior, ou seja, de caminhar para a autarquia, esta a utopia estruturante por trás de tudo isso, e apenas secundariamente atender aos desejos pueris de brasileiros interessados em comprar mercadorias feitas lá fora, sempre material supérfluo.

Os veredictos quanto ao sucesso da substituição de importações parecem incontestes, ao menos quando não é preciso comparar com o desempenho de países asiáticos que seguiram o modelo alternativo conhecido como "promoção de exportações". Entretanto, aqui não é o espaço para penetrar nessa velha polêmica, que sempre deixa o país em posição desconfortável; o princípio aqui exposto procura chamar a atenção para um paradoxo pouco notado que diz respeito a algumas consequências inesperadas dos ideais nacionalistas envolvidos no conceito de substituição de importações.

Festejamos imensamente, por exemplo, a implantação da indústria automobilística no Brasil, mas nem sempre lembrando que os "produtores locais" eram empresas multinacionais, essas terríveis criaturas que traziam para cá máquinas e equipamentos anteriormente usados em outras localidades de onde exportavam sua produção para o Brasil. Escutei em casa muitas histórias sobre as aventuras na liberação da importação dos equipamentos para a instalação da primeira fábrica da Volkswagen no Brasil: algumas das grandes prensas chegaram ao porto do Rio de Janeiro com buracos de bala. Teriam sido utilizadas durante a guerra?

A importância do capital estrangeiro na indústria, que era desprezível antes de 1945, chegou a um terço nos anos 1960, período em que os especialistas indicam que a substituição de importações explicaria mais de 40% do vigoroso crescimento da economia na ocasião. Essa curiosa combinação entre aumento de autossuficiência e de desnacionalização *também ocorreu* nos ciclos de substituição de importações no período militar, apenas com maior interveniência de empresas estatais. E também se deu na França do pós-guerra, onde provocou enorme controvérsia, especialmente depois do lançamento do famoso best-seller do jornalista Jean-Jacques Servan-Schreiber, fundador e editorialista do *L'Express*, *O desafio americano*.

Esse notável paradoxo se observa mais uma vez nos anos posteriores ao Plano Real. As importações como proporção do PIB não se alteraram tanto quanto se imaginava a julgar pelos gritos de dor, a despeito de toda discussão e da efetiva implementação de medidas para liberalizar o comércio exterior. A taxa de penetração das importações na indústria cresceu significativamente em tempos mais recentes, mas muito mais impressionante é o crescimento da parcela do PIB produzida por empresas com participação estrangeira relevante:* de 18% em 1995 para 34% em 2005, e as primeiras estimativas para 2010 sugerem percentuais superiores a 50%. Consideradas apenas as empresas com *controle estrangeiro*, os percentuais vão de 13% em 1995 para 25% em 2005, e algo como 40% em 2010.

---

* Participação relevante é definida como superior a 20% do capital total ou 10% do capital votante, conforme critérios adotados nos Censos para o Capital Estrangeiro no Brasil, conduzidos pelo BCB.

Esse violento processo de desnacionalização ocorreu sem nenhum sobressalto. Na verdade, o processo sequer foi notado, exceto, talvez, pelos que perceberam a presença de mais pessoas falando idiomas alienígenas em elevadores de prédios comerciais em São Paulo ou na ponte aérea. Ou talvez no alvoroço meio anedótico contra os estrangeirismos na linguagem. A penetração de empresas estrangeiras talvez seja a maneira pela qual os países de dimensões continentais experimentem o processo de abertura: as importações não sofreram grandes alterações como proporção do PIB, mas as empresas estrangeiras ampliam tremendamente sua participação na economia doméstica. Barreiras protecionistas naturais e fabricadas, mais do que criar produção nacional, trazem a produção estrangeira para dentro de casa.

É a doce vingança da globalização sobre o nacionalismo: o país se tornou muito mais cosmopolita e internacionalizado através da forte presença de empresas multinacionais tanto durante o governo FHC quanto nos governos que se seguiram, em decorrência de práticas nacionalistas como protecionismo e substituição de importações.

71. [Princípio da Escolha de Sofia ou Dilema de Triffin] É vedado à Autoridade fixar, simultaneamente, o câmbio e o juro, exceto quando na ausência de déficit público.

Por variadas razões sempre ligadas à globalização, tornaram-se mais difíceis as escolhas disponíveis às Autoridades responsáveis pela formulação e execução de políticas macroeconômicas. Daí a alusão, especialmente própria nesse exemplo, ao caso extremo, talvez o pior de todos, à *Escolha de Sofia*, romance de William Styron que deu origem ao filme de 1982, estrelado por Meryl Streep, vencedora do Oscar de Melhor Atriz no ano seguinte.

Robert Triffin (1911-1993), um dos grandes economistas de seu tempo, um especialista em questões atinentes ao sistema monetário internacional, ganhou fama ao prever o colapso do dólar em 1971. E sua previsão veio através da formulação de um *dilema* para os Estados Unidos: na presença de mobilidade de capitais, os Estados Unidos deveriam escolher entre sustentar uma taxa de câmbio fixa, como vinham fazendo desde o fim da Segunda Guerra, ou manter uma política monetária (e fiscal) independente (expansionista).

Não era possível escolher "ambas", esta a importante lição.*

Políticas monetária e fiscal frouxas, com o câmbio fixo, gerariam fugas de capital e, em algum momento, um ataque especulativo contra o dólar. O desastre poderia ser evitado *caso não houvesse mobilidade de capitais*, mas ainda que os controles cambiais fossem a regra no mundo das moedas ditas inconversíveis, eles não eram efetivos nem factíveis para as moedas internacionais de reserva. Restava aos americanos a austeridade fiscal, que eles também não seguiram, ou rezar para que Triffin estivesse enganado. Não estava.

Em 1971 veio o ataque e os Estados Unidos tiveram de abandonar a paridade com relação ao ouro. Nem mesmo a potência líder está livre dos imperativos das leis econômicas e da globalização; foi uma lição importante para o proverbial isolacionismo americano.

O Dilema de Triffin se tornou um clássico e uma referência importante para o Brasil, que emergia da hiperinflação e passava a viver a mobilidade de capitais e a globalização em uma intensidade inédita. O país tinha uma longa tradição em controles cambiais, conforme já observado a propósito da sétima lei do Kafka, a Newtoniana da Burocracia (n.63), de modo que apenas com enorme má vontade reconheceu-se que os diferenciais entre os juros domésticos e externos exerciam grande influência sobre as entradas e saídas de capital. É curioso que a estabilização tenha funcionado como uma espécie de abertura da conta de capitais no Brasil, o que fez chegar tardiamente o Dilema de Triffin ao país.

---

* O mesmo enunciado aparece em um formato ligeiramente diferente: a "Trindade (Tripé) Impossível", conforme expressão de Robert Mundell (Nobel de 1999) e Marcus Fleming, segundo a qual é impossível ter, ao mesmo tempo, câmbio fixo, política monetária independente e mobilidade de capitais. É possível escolher duas.

O desenrolar dos acontecimentos, contudo, foi singular. A prática continuada de políticas fiscais expansionistas, acompanhadas de políticas monetárias contracionistas, ditadas pela necessidade de estabilização, manteve a economia brasileira num crônico estado de *crowding out*, a designação técnica, de difícil tradução, para essa situação de aparente inconsistência entre políticas muito estudada nos livros-texto: fiscal frouxa, monetária apertada (*loose fiscal, tight money*, em inglês).

O caso clássico é o ocorrido nos Estados Unidos a partir de 1979, quando o FED, sob Paul Volcker, fez subir as taxas de juros a fim de reduzir a inflação e o presidente Ronald Reagan elevou os déficits fiscais, ocasionando um forte *crowding out* do qual resultou uma espécie de "estrangulamento" do investimento privado e uma forte valorização do dólar.*

A relutância brasileira em atacar o problema fiscal, de conformidade com o Corolário de Churchill (n.23, parágrafo único), segundo o qual o país tomará o caminho certo não antes de experimentar todas as alternativas, combinada à obrigação de o BCB sustentar a estabilização, nos manteve na liderança do *ranking* mundial de taxas de juros durante todos esses anos. Criava-se, assim, uma pressão crônica para a valorização cambial causada por entradas de capitais, ainda mais motivados com as melhorias no risco soberano brasileiro. Por aí se vê a origem do fenômeno conhecido como "populismo cambial" de que tratamos anteriormente (n.66), a Variante de José Serra ou Terceira Lei de Sauer-Setubal. Apenas nos períodos de crise aguda o país se viu frente ao Dilema de Triffin na sua configuração original: diante de grandes fugas de capital era preciso liberar o câmbio ou os juros. Na maior parte do tempo, todavia, estivemos na situação de *crowding out* e com juros muito altos e câmbio muito valorizado.

Em algum momento no futuro será percebido com mais clareza que a melhoria na situação fiscal alivia o *trade-off* envolvido no Dilema de

---

* Para os estudantes de economia, esse é o caso em que a curva LM é vertical, em face das necessidades de um programa de estabilização rigoroso, ou em que há pleno emprego e o governo empreende políticas fiscais expansionistas, deslocando a curva IS para a direita, sem efeito sobre a atividade econômica que não seja o de substituir investimento privado por gasto público via juros mais altos.

Triffin e, assim, abre caminho para que as duas variáveis se movam na direção virtuosa: os juros para baixo e o câmbio para um nível mais competitivo. Contudo, a lentidão glacial com que caminhamos na direção correta é exasperante, ainda que compreensível. O corte de gasto público constitui uma espécie de afronta à nossa cultura política, pois, como já discutido, a despesa pública é sempre um favor pessoal a alguém, cuja supressão em nome de um benefício horizontal e impessoal – menores juros – parece inconveniente do ponto de vista proverbialmente míope do cálculo político. São as mudanças que produzem grandes benefícios dispersos com custos concentrados, o que foi abordado a propósito das reformas e do que elas fizeram com Gorbachev (n.49, Teorema de Hemingway-Gorbachev).

O déficit zero representa o paraíso para as Autoridades Monetárias, pois é a situação que lhes permite colocar câmbio e juros em valores que tornam todos contentes. Infelizmente, esta é uma ocorrência rara: o triunfo da maioria inerte sobre as minorias que dominam a política. Normalmente, a Autoridade será forçada a fazer escolhas difíceis em condições desfavoráveis, e o ônus dos insucessos será sempre seu e nunca dos políticos que criaram o problema.

72. [Teorema da Beligerância Encenada] As medidas de restrição às entradas de capital especulativo e covarde serão tanto mais eficazes quanto mais agressivas e instáveis se mostrarem as Autoridades.

Os surtos de entrada de capitais, ocasionando valorização cambial aguda e indesejável e/ou acumulação pesada de reservas com grandes custos fiscais, tornaram-se mais frequentes e ameaçadores a partir do final dos anos 1980. Em boa medida, as reações iniciais de países experimentando o problema eram as mesmas de quem enfrenta uma safra excepcional, portanto, "muito de uma coisa boa". É uma graça temporária e, assim, algo do qual se deve tirar proveito enquanto está disponível, mas o excesso, que parece infinito enquanto dura, não é fácil administrar.

O fenômeno ficou mais presente no Brasil com o Plano Real, por conta do estado crônico de *crowding out*, já mencionado, e também pelo salto de qualidade do país com o fim da hiperinflação, que abriu novos horizontes para investimentos estrangeiros de toda ordem, além de fazer reverter fortemente as fugas de capitais de brasileiros, uma ocorrência normal nos países que terminam com hiperinflações.

A ideia de impor restrições seletivas às entradas de capital não era nova e cabia perfeitamente dentro das possibilidades oferecidas pela variadíssima legislação cambial brasileira. O Chile vinha empregando um sistema de quarentena para certos tipos de entrada, mas o Brasil preferiu trabalhar principalmente com o IOF (Imposto sobre Operações Financeiras), que incidia sobre certas operações de câmbio associadas a entradas de capitais menos desejáveis, e também com outros instrumentos de natureza regulatória (prazos mínimos para captações externas, por exemplo). Os IOFs foram amplamente utilizados nos momentos mais críticos de valorização cambial, em 1994-98 e depois de 2004, com escopo e alíquotas variadas conforme a circunstância. É claro que o instrumento não é solução para desequilíbrios fiscais na raiz do fenômeno dos juros elevados no Brasil, porém, por outro lado, também é difícil acusá-lo de inútil, especialmente em vista dos valores arrecadados com o imposto.

Os acadêmicos gostam de argumentar que controles desse tipo são facilmente contornáveis, opinião não compartilhada pelos burocratas nem pelos responsáveis por controles internos em instituições financeiras, que costumam estar atentos aos passivos provocados por descumprimentos de normas, sobretudo tratando-se de evasão fiscal. A proverbial esperteza do mercado não pode ser subestimada, mas o poder discricionário das Autoridades para punir torna os riscos muito grandes, financeiros e de imagem. Os acadêmicos parecem achar que os reguladores são perfeitos idiotas, ao menos até o momento em que passam a ocupar essas posições e descobrem que eram enganados por seus amigos do mercado quanto às traquinagens que realmente colocavam em prática.

No entanto, independentemente do debate sobre a eficácia e o alcance dos IOFs e de outras restrições, a experiência de sua aplicação continuada e sistemática faz crer que há outro elemento importante a influenciar os fluxos financeiros mais sensíveis: a truculência com que as Autoridades tratam o assunto. É muito comum que o anúncio de um novo IOF não tenha nenhum impacto imediato, ou mesmo o impacto inverso. Entretanto, declarações agressivas e infelizes das Autoridades são 100% eficazes para afastar entradas de capitais mais sensíveis. *Melhor mesmo seria ficar apenas com as declarações malcriadas e dispensar os IOFs.* Nada mais efetivo para afastar investidores estrangeiros do que Autoridades nervosas, ameaçando adotar "medidas drásticas" e enunciando objetivos a serem alcançados "a qualquer custo". Assim sendo, uma bobagem dita numa coletiva para anunciar um novo IOF pode perfeitamente gerar estresse no mercado de câmbio, dando a impressão de eficácia imediata da medida, porém, pelas razões erradas.

73. [Tautologia de Simonsen] A inflação machuca (aleija), mas o balanço de pagamentos mata.

A origem dessa observação, atribuída ao mestre Mario Henrique Simonsen, perde-se na poeira do tempo, e sua ampla utilização ocorre em dois tipos de circunstância: a primeira em combinação com a Lei de Sauer-Setubal (n.64), com o fito de reforçar os perigos decorrentes da defasagem cambial e de permitir a formulação da profecia pela qual a sua continuidade há de produzir, cedo ou tarde, uma crise na balança de pagamentos.

Assim formulado, o vaticínio passa a desfrutar dos benefícios da Lei de Leonel Brizola (n.26), segundo a qual pessimismo não tem custo e não prescreve. Se não se cumpre, ninguém repara, mas se ocorre de fato uma crise, ainda que seja muito tempo depois, as advertências serão lembradas com incontida admiração, mesmo estando erradas durante muitos anos e certas pelas razões erradas.

Sempre haverá algum problema de balanço de pagamentos, originado na Tailândia ou na Grécia, e sempre será possível dizer que a causa foi a política cambial de alguns anos antes. O finado professor Simonsen certamente objetaria a que se chamasse o princípio acima de lei, e eis que não pode ser refutado. Portanto, cabe na clássica definição de tautologia, uma designação técnica para as identidades contábeis e para as verdades universais como a igualdade entre o ativo e o passivo, demanda e renda ou poupança e investimento em decorrência das partidas dobradas.

Porém, há uma segunda interpretação para o princípio acima cujo fulcro é a assimetria que existe no modo de se resolver problemas que estão "dentro de casa" (déficits nas contas públicas e inflação) e os que envolvem não residentes, gringos, gente que está fora de nosso controle. A ideia é muito simples: um déficit nas contas públicas se soluciona pintando papel, o que tem lá o seu custo, mas a vida segue. Para o déficit a ser pago em dólares, todavia, essa alternativa não está disponível e sempre será necessário adotar medidas amargas, como maxidesvalorizações e restrições a importações, bem como outras inconveniências, como acordos com o FMI, moratórias e recessões. Os apertos em dólares não podem ser empurrados com a barriga, como os que se passam em moeda local, para a qual, em tese, existiriam muitos tipos de acomodações e afrouxamentos à obrigatoriedade de se cumprir compromissos como os implícitos no Princípio da Equivalência Ricardiana (n.51).

No entanto, como examinamos naquele tópico, a esperteza utilitária, sobretudo quando recorrente, acaba minando a boa-fé da contraparte a ponto de prejudicar o dom de iludir dos governos. A ideia do princípio aqui exposto, segundo a qual é mais fácil espetar a conta em moeda nacional do que em moeda dos outros, pode não ser mais tão verdadeira quanto no passado. Os brasileiros estão atentos a essas coisas e já não aceitam as malandragens outrora empregadas. Talvez por isso tenhamos aqui um dispositivo que é metade tautologia e metade lei, mesmo assim muito discutível. No máximo, portanto, uma meia lei.

74. [Lei Geral da Intervenção no Câmbio] A intervenção bem-sucedida em mercados de câmbio: (i) deverá ser conduzida idealmente por Autoridades que não acreditam na eficácia desse tipo de ação; (ii) tem mais chances de funcionar quando permanece no terreno da ameaça;

(iii) deve compreender ações que, a priori, podem ser mantidas por tempo indeterminado; e, sobretudo, (iv) não deve trazer nenhum compromisso quanto a seus resultados.

A capacidade de os soberanos subjugarem o mercado a fim de fixar e sustentar preços de câmbio, de café, ou do que quer que seja, é um tema antigo que esteve presente em diversos tópicos deste compêndio. Os poderes das Autoridades são vastos, ao menos na aparência, e especialmente quando observados a distância, conforme verificamos através dos princípios associados à mítica figura do Kagemusha aplicada à política monetária (n.13 e n.14, Princípio de Kagemusha 1 e 2, respectivamente).

É fácil abusar desses poderes – sobretudo quando parecem muito maiores do que realmente são – nesses momentos mágicos em que o destino sorri para a Autoridade, capitais caem do céu ou despenca a inflação inesperadamente, a despeito de as políticas públicas não serem as mais corretas.

Foi o caso, por exemplo, do sucesso inicial do congelamento de preços durante o Plano Cruzado em 1986, a propósito do qual Roberto Campos observou que o controle de preços tem de ser feito por alguém que não acredita no instrumento. De tal sorte que, diante de um surpreendente sucesso inicial, o congelamento deveria ser removido o mais rápido possível, antes que sua fragilidade fosse percebida. Não foi o caso, como sabemos, pois o congelamento se tornou, em si, popular; era visto como a verdadeira âncora da estabilização e não como instrumento de coordenação de expectativas ou instrumento auxiliar ao verdadeiro ataque aos problemas fiscais na raiz da inflação.

Quando se trata de intervenção no câmbio, a mesma sabedoria permanece válida: o ceticismo quanto à eficácia das ações é sempre salutar. Tudo se passa como se a Autoridade fosse um policial chefiando um pequeno contingente responsável pelo controle de uma multidão que, a princípio, não gosta de desordem, mas às vezes cisma em se deslocar por onde a Autoridade não deseja. Para guiá-la para os caminhos corretos e convenientes, a Autoridade pode e deve exibir seu armamento, com vistas a impressionar o público. Contudo, como fazem os policiais de verdade, é preferível não utilizá-lo, pois a munição pode não ser suficiente e os efeitos de uso nunca são exatamente os que se esperam.

É ótimo quando a mera exibição intimida a multidão, que entende que a Autoridade não hesitará em utilizar seu arsenal em caso de necessidade. O uso moderado do chicote pode ser inevitável, a fim de eliminar a dúvida sobre se a Autoridade será capaz de fazê-lo, mas deve ser muito bem calculado, porque a Autoridade só deve descer da colina simbólica onde se refugia quando tem certeza do resultado (n.14, Princípio de Kagemusha 2), e sobretudo deve observar critérios. Conforme ensina Maquiavel, "quando for imprescindível agir contra o sangue de alguém, que o faça [o Príncipe] por uma justificativa sólida e um motivo evidente". As multidões se encantam quando percebem os critérios e entendem a sua lógica.

Observa-se aí um fenômeno que a literatura especializada, com destaque para Paul Krugman, Nobel de 2008, descreveu como "efeito arame farpado", muito comum durante a experiência europeia com bandas cambiais, e também no Brasil: quando o mercado se aproxima dos pontos de intervenção, evita tocá-los, quase como se arranhasse. É maravilhoso quando a ameaça, expressa através de uma regra, funciona sem que nada tenha de ser feito.

Sim, é verdade que a multidão pode perfeitamente se deixar conduzir, especialmente se a coisa fizer sentido. Não há dúvida de que, nesses termos, a coerção funciona, mas o sucesso da intervenção – de certo modo também o da regulação, que igualmente é intervenção – depende muito de persuasão. Se a Autoridade deseja algo que a multidão entende como razoável, as intervenções nessa direção poderão durar muito tempo. E se o mercado fizer loucuras e houver pânico, a Autoridade será chamada a agir e o mercado vai aplaudi-la e ajudá-la em seu esforço de trazê-lo para o estado de sanidade de onde foi deslocado por conta de algum susto.

Há complicadores para as ações da Autoridade, como alavancagens, derivativos e eventos fora de sua jurisdição. Nada que seja incontornável, pois é a própria Autoridade que fixa as capacidades da multidão para usar esses recursos. São muito poderosos os instrumentos da Autoridade, e quando ela mantém certas ações de forma recorrente durante certo tempo diz-se que escolheu um "regime cambial". O termo é de ampla utilização e objeto de polêmicas intermináveis.

Por muito tempo só havia partidários dos tipos polares – câmbio fixo ou totalmente flexível, ou seja, intervenção intensa com vistas a manter o câmbio em certo valor, ou nenhuma intervenção e nenhuma preocupação com os veredictos do mercado. Depois de 1971, e tendo em vista o ataque especulativo sobre o dólar de que falamos a propósito do Dilema de Triffin (n.71, Princípio da Escolha de Sofia), as moedas internacionais de reserva migraram todas para o regime de câmbio flexível, com episódios raros de intervenção concertada e cuidadosa. Já com as moedas de outros países, desenvolvidos e emergentes, o panorama sempre foi de bastante diversidade.

O advento do euro trouxe uma mensagem forte de que o mundo tinha "moedas demais", e que muitos países cronicamente indisciplinados deviam considerar a opção adotada na Europa, ou na Argentina e em Hong Kong, por uma "caixa de conversão" (*currency board*), regime em que a moeda local é lastreada em dólares numa razão próxima de 100%.

Porém, a experiência de diversos países com taxas fixas parecia indicar que o excesso de rigidez nesses regimes os fazia disfuncionais em momentos de estresse. Mesmo antes das dificuldades na área do euro, foi se firmando a noção de que a flutuação era melhor, ou mais bem-aceita nos mercados e nas organizações internacionais, mas a prática parecia ser a de que prosperaram soluções mestiças de toda ordem.

Há anos o FMI coleta e publica informações sobre os regimes cambiais de seus países-membros, e a se acreditar nas respostas aos questionários enviados pelo *staff* do FMI havia uma esmagadora preferência por taxas flexíveis no final do século XX. Todavia, em um estudo dos professores Guillermo Calvo e Carmen Reinhart que ficaria famoso, mostrou-se que, a despeito dessa preferência, as taxas de câmbio pelo mundo tinham ficado bem *menos* voláteis. Como podia ser? Seria uma influência do doutor Gregory House, da qual já falamos (n.5, Axioma de House), só que agora a propósito do modo como os governos definiam seus regimes cambiais?

São muitas as respostas para o paradoxo, que ficou conhecido pela designação de "medo de flutuar" (*fear of floating*). Oficialmente, a maior parte dos países afirma que seus regimes cambiais são de flutuação, mas os graus de intervenção tendem a ser fortes e idiossincráticos, conforme o caso e a circunstância. Fora das moedas internacionais de reserva, portanto, *a regra era e continua sendo a mestiçagem*, alguns regimes cabendo na definição de semifixo, outros na de semiflexível, e todos, no fim das contas, copos cheios até a metade.

Na verdade, a adoção das taxas flexíveis como princípio, ou como regra canônica, tinha uma vantagem sobre qualquer alternativa: o fato de livrar a Autoridade de qualquer compromisso quanto à taxa de mercado que deseja, mas sem que isso a impeça de atuar quando e como achar conveniente. Com isso, a Autoridade pode atuar soprando para um lado ou para o outro, sem nunca apostar a sua reputação nesse assunto, exceto quando absolutamente necessário. Ocorre, até mesmo, de a Autoridade revelar desagrado quanto à taxa em vigor, depois de suas intervenções, e de forma repetida e duradoura. Todavia, a tristeza da Autoridade raramente é vista como um fracasso que cause dano à sua reputação, ao invés disso, curiosamente, é percebida como uma espécie de tributo às forças de mercado. A arte de intervir regularmente para evitar os excessos do mercado, ou para conduzir a multidão, longe de estar em extinção, parece cada vez mais elaborada, sobretudo em seus aspectos teatrais.

Notas

Prefácio (p.9-19)

1. Roberto Campos, *A técnica e o riso*, Rio de Janeiro, Apec, 3ª ed., 1976, p.32. Grifos meus.
2. J.M. Machado de Assis, *Memórias póstumas de Brás Cubas*, cap.IV, "A ideia fixa". Grifos meus.
3. *Alexandre Kafka depoimento*, Banco Central do Brasil/Programa de História Oral, CPDoc/FGV, 1998, p.74.
4. Para uma narrativa, ver Guilherme Fiuza, *3000 dias no bunker, um plano na cabeça e um país na mão*, Rio de Janeiro, Record, 2006.
5. "Verbetes de um dicionário (IV)", de 19 set 1987, reproduzido em Roberto Campos, *Guia para perplexos*, Rio de Janeiro, Nórdica, 1988, p.26.
6. Fernando Henrique Cardoso, *A arte da política: a história que vivi*, Rio de Janeiro, Civilização Brasileira, 2006, p.178.
7. Apresentação à edição brasileira de P.A. Mendonza et al., *Manual do perfeito idiota latino-americano*, Rio de Janeiro, Bertrand Brasil/Instituto Liberal, 1997, p.12-3.
8. Roberto Campos, *Lanterna na popa*, Rio de Janeiro, Topbooks, 1994, p.192.
9. Ibid., p.196.
10. Ibid., p.194.
11. Steven D. Levitt e Stephen J. Dubner, *Freakonomics: o lado oculto e inesperado de tudo que nos afeta*, Rio de Janeiro, Campus, p.15.
12. Ambrose Bierce, *O dicionário do diabo*, Porto Alegre, Mercado Aberto, 1999, p.60.
13. Elias Thomé Saliba, "Cultura", in Lilia Moritz Schwarcz (org.), *A abertura para o mundo: 1889-1930*, col. História do Brasil Nação, vol.3, Rio de Janeiro, Objetiva/Fundación Mapfre, 2012, p.260. Grifos meus.

O mercado (p.21-49)

1. Thomas Dekker (c.1572-1632) apud Vivian Thomas, *Shakespeare's Political and Economic Language: A Dictionary*, Londres, Continuum, 2008, p.xxi.

Autoridades e política econômica (p.51-83)

1. Alan Blinder, *Bancos Centrais: teoria e prática*, São Paulo, Editora 34, 2ª ed., 2011.

2. Em "Bacon e os heterodoxos", publicado originalmente no *Jornal do Brasil* de 17 fev 1991 e reproduzido em C.A. Sarmento, S.R.C. Werlang e V. Alberti (orgs.), *Mario Henrique Simonsen: textos escolhidos*, Rio de Janeiro, Cia Bozano/Firjan/FGV, 2002, p.241.
3. Conforme narrativa de Roberto Campos em *Lanterna na popa*, Rio de Janeiro, Topbooks, 1994, p.669.
4. Sidney Basile, *Elementos de jornalismo econômico*, Rio de Janeiro, Campus, 2002, p.114.
5. Roberto Campos, *Na virada do milênio. Ensaios*, Rio de Janeiro, Topbooks, 2ª ed., 1999, p.263.

Decisões (p.105-36)

1. Plinio Apuleyo Mendonza, Carlos Alberto Montaner e Alberto Vargas Llosa, *Manual do perfeito idiota latino-americano*, Prefácio de Roberto Campos, Rio de Janeiro, Bertrand Brasil/Instituto Liberal, 1997, p.9.

Finanças públicas (p.137-73)

1. Miriam Leitão, *Saga brasileira: a longa luta de um povo por sua moeda*, Rio de Janeiro, Record, 2011.
2. *Jornal do Brasil*, 15 jul 1976, apud Márcio Scalercio e Rodrigo de Almeida (orgs.), in *Eugênio Gudin, inventário de flores e espinhos, um liberal em estado puro*, Rio de Janeiro, Insight, 2012, p.300.

Câmbio, preços públicos e globalização (p.175-207)

1. Laerte Setubal Filho, *A experiência cambial brasileira*, Apresentação de Mario Henrique Simonsen, São Paulo, Unipress Editorial Ltda, 1981.
2. Roberto Campos, "A undécima lei Campos-Kafka", in *Além do cotidiano*, Rio de Janeiro, Record, 2ª ed., 1985.
3. De acordo com João Carlos Ferraz em "Brazil: a bank too big to be beautiful", *Financial Times*, suplemento "The Future of Development Banks 2012", 23 set 2012.
4. Maria da Conceição Tavares, *Da substituição de importações ao capitalismo financeiro: ensaios sobre economia brasileira*, Rio de Janeiro, Zahar, 7ª ed., 1978.

Legislação compilada

O mercado: racionalidade coletiva e indeterminação

Autoridades e política econômica: guia prático antropológico

Reguladores e bancos: lógica pessoal, limites, regularidades e irregularidades

Decisões: paixões, interesses e burocracias

Finanças públicas: sonhos e ilusões, o público e o privado

Câmbio, preços públicos e globalização: as novas regras de um mundo plano

Créditos das imagens

Figura 1, p.16. Rui Mendes/Folhapress.

Figura 2, p32. Latinstock/© Imagemore Co., Ltd./Corbis/Corbis (RF).

Figura 3, p.43. Trudy Hammel Garland, *Fascinating Fibonaccis*, Dale Seymour Publications, 1987.

Figura 4, p.48. Interfoto/Interfoto/Latinstock.

Figura 5, p.54. Toho Company/Everett/Rex.

Figuras 6 e 7, p.58. Reproduzidas do site da Nasa (http://science.nasa.gov/science-news/science-at-nasa/2001/ast24may_1).

Figura 8, p.62. A obra *La parade* foi reproduzida do site Georges Seurat: The Complete Works (http://georgesseurat.org /La-Parade-(1889).html).

Figura 9, p.62. Claudio Vargas/AFP (*à dir.*).

Figura 10, p.63. M.C. Escher's "Waterfall" © 2012 The M.C. Escher Company-Holland. www.mcescher.com

Figura 11, p.69. Paramount Pictures.

Figura 12, p.70. Marcelo Oliveira/Brasil/Latinstock.

Figura 13, p.74. Fundação Getulio Vargas/CPDoc.

Figura 14, p.81. Getty Images.

Figura 15, p.97. Moviestore Collection/Rex.

Figura 16, p.108. Fundação Getulio Vargas/CPDoc (*à esq.*).

Figura 17, p.108. Getty Images (*à dir.*).

Figura 18, p.111. AFP/Getty Images.

Figura 19, p.120. Professores Habb Tamer Badião e Francisco de Paula Chaves Jr., *Coletânea de documentos: apólice da dívida pública fundada federal – 1902 a 1940*, vol.1.

Figura 20, p.125. Fine Arts Image.

Figura 21, p.128. Reproduzida do site Wikimedia Commons (http://en.wikipedia.org/wiki/File:Crinipellis_perniciosa_mushroom.jpg).

Figura 22, p.134. Anúncio Louis Vuitton (*abaixo.*).

Figura 23, p.134. Sérgio Lima/Folhapress (*à dir.*).

Figura 24, p.144. Reproduzida do site Global Speculations (http://www.globalspeculations.com/2011/09/who-do-you-think-you-are/wheelbarrows-of-deutschmarks) (*à esq.*).

Figura 25, p.144. Fernando Maia/Agência O Globo (*à.dir.*).

Figura 26, p.147. Márcio Scalercio e Rodrigo de Almeida, *Eugênio Gudin: inventário de flores e espinhos/um liberal em estado puro*, Rio de Janeiro, Insight, 2012, p.301.

Figura 27, p.170. AFP/Getty Images.

Figura 28, p.182. Reproduzida do site da *The Economist*, 6 jan 2010 (http://www.economist.com/node/15210330?subjectid=7933596&story_id=152103300).
Figura 29, p.191. Reuters/Reuters/Latinstock.

Scrum e Agile em Projetos
Guia Completo